フランスの子どもは夜泣きをしない

――パリ発「子育て」の秘密――

パメラ・ドラッカーマン 著　鹿田昌美 訳

French Children Don't Throw Food

Parenting secrets from Paris

Pamela Druckerman

集英社

フランスの子どもは夜泣きをしない

パリ発「子育て」の秘密

この本をサイモンに。
あなたのおかげで、すべてのことが大切に思えます。

Les petits poissons dans l'eau,
Nagent aussi bien que les gros.

The little fish in the water,
Swim as well as the big ones do.

—French children's song

水のなかの小さなお魚
大きなお魚と同じぐらい上手に泳ぐよ

—フランスのわらべうた

目次

序章　フランスの子どもは食べものを投げない……09
第一章　パリ移住と妊娠……19
第二章　パリの妊婦はなぜスリムなのか……31
第三章　フランス人の赤ちゃんは朝までぐっすり眠る……47
第四章　お菓子づくりは教育の宝庫……73
第五章　保育所はすばらしい……101
第六章　フランス人ママは母乳にこだわらない……119
第七章　フランスの魔法の言葉……135

第八章　フランス流、夫婦円満の秘訣……151
第九章　フランス流の食育はおどろきの連続……169
第一〇章　なにかがちがう、フランス人の親の叱りかた……197
第一一章　子どもには子どもの人生がある……227
終　章　フレンチな未来……239
謝　辞……243
注　釈……245
フランスの子育て用語集……250
引用文献……254

序　章
フランスの子どもは食べものを投げない

一歳半の娘を連れて、家族三人で夏の休暇旅行に出かけることにした。私はアメリカ人、夫はイギリス人。私たちが住んでいるパリから電車で二時間ほどの海岸沿いの町を選び、ベビーベッドつきのホテルを予約した。当時はまだ、子どもがひとりだったのに、それでも「これは大変なことになるぞ」と、身がまえながら旅に出た。

朝食はホテルですませるとして、昼食と夕食は、外で食べなければならない。古い港のまわりに、小さなシーフードレストランが並んでいる。しかし、幼児をひとり連れて一日二回レストランで外食すると、地獄を見るということが、すぐに判明した。娘のビーンは、レストランでパンと揚げものを少し食べただけで、ほんの数分も経《た》たないうちにテーブルの上の塩をこぼし、砂糖の包みをびりびりに破った。そのあと、まるで波止場まで飛び出しそうな勢いで、ハイチェアで暴れだしたのだ。

私たちの作戦は、「食事をすばやく終わらせること」だった。席につかないうちから注文し、急いでパンを持ってこさせ、前菜もメインも一度に出してもらうようにウェイターにお願いした。私がビーンを見張っている間に、夫が魚を数口かじり、そのあと交替した。テーブルの下に散らかった破れたナプキンとイカリングの代償として、謝罪のチップをたっぷりと置いて、すごすご店を後にした。

歩いてホテルまで帰る道すがら、私たち夫婦は、もう旅行も楽しみもふたりめの子どももなしにしよう、と心に誓った。この「休暇」によって、一八か月前に味わっていた優雅な生活が完全に消滅したことを改めて思い知らされた。わかりきっていたことなのに、どうしてショックを受けたのか、不思議なぐらいだ。

ところがその後、さらに何度かレストランで食事をした私は、周囲の子連れのフランス人家族がちっともつらそうに見えないことに気がついた。奇妙なことに、たっぷりと休暇を楽しんでいるのだ。ビーンと同じぐらいの月齢のフランス人の子どもが、満足そうにハイチェアに座って食事が来るのを待ち、魚を食べ、さらには野菜まで食べている。金切り声もぐずる声も聞こえない。全員がフルコース料理をひととおり食べ、テーブルのまわりになにひとつこぼれ落ちていない。

フランスに住んで数年になるのに、私には理由がわからなかった。まずもって、パリでは、子どもはあまりレストランで食事をしないし、私もあまり注目していなかった。というのも、子どもを持つ前は子どもに目がいかなかったし、今は自分の子を見るだけで精一杯だから。でも、自分たちのひどいあり様を実感している今は、ちがうケースもあるらしいことが気になってしかたがない。でも、なにがちがうのだろう？　フランスの子どもは生まれつき、私たちの子どもよりもおとなしいの？　脅迫でもされている？　子どもは黙っていろという、古めかしい子育て哲学が幅をきかせているの？

そんなふうには思えない。あちこちで目にするフランスの子どもは、びくびくしているようには見えないからだ。子どもたちは活発で、好奇心旺盛《おうせい》で、おしゃべりだ。親は愛情深く、思いやりがある。彼らのテーブルは、そしておそらく彼らの生活は、目に見えない深い教えに導かれている。私たちには欠けている「なにか」があるのだ。

フランス人の子育てを意識しはじめた私は、ちがうのが食事時間だけではないと気がついた。そうすると、数々の疑問が頭に浮かんでくる。フランスの公園で何百時間もすごしている私が、かんしゃくを起こす子どもを（わが子をのぞいて）見かけないのはどうして？　なぜフランス人の友人は、子どもがわめいているという理由であわてて電話を切ることがないの？　どうして彼らのリビングルームは、私たちのリビングルームのように、おもちゃのテントや台所セットに占領されていないの？

疑問はまだある。私の知るかぎり、英語圏の国の子どもの多くは、パスタや白米などの単品や、「キッズ用」のメニューを食べるのはなぜ？　一方で娘のフランス人の友だちは、魚や野菜をはじめ、ほぼすべての食材を食べている。そのうえ午後の決まった時間をのぞいて、フランス人の子どもがお菓子を食べないのはどういうこと？

こういった事実に、だれも大騒ぎをしない。でも、フランス人の親は、ひそかに一定の成果を出し、私たちとはまったくちがった家庭生活を送っている。イギリス人やアメリカ人が子連れで遊びに来ると、親は子どものケンカを仲裁したり、アイランドキッチンのまわりをよちよち歩きする幼児に手を貸したり、床に座りこんで〈レゴ〉の村を作ったりしてすごすはめになる。泣いたり慰めたりを数回くりかえすのがふつうだ。ところがフランス人の友人が遊びに来ると、私たち大人はコーヒーを飲み、子どもは子どもだけで楽しそうに遊ぶのである。

イギリスやアメリカの中流家庭が抱える子育ての問題を指摘するのは、私が初めてではない。何百もの本や論文のなかで、この問題は分析・批判され、「過保護」「過干渉教育」「ヘリコプター・ペアレント（子どもの頭上からはなれず、すぐに首を突っこむ親のこと）」、「子どもによる支配」（私はこの言いまわしがとても気に入っている）などの用語が生まれている。

では、なぜ私たちはそんな子育てをしているのか。そういう子育てが、私たちの世代の意識に（私のように祖国をはなれた人にさえ）刻みこまれているのはどうしてなのか？

そもそものきっかけは、一九八〇年代に、学校で落ちこぼれる子どもが、とりわけ幼児期にじゅうぶんな刺激を受けていないことを示す多数の統計や世論が登場したことだ。これを知った中流階級の親は、[*1]自分の子どもにより多くの刺激を与えようと必死になった。

同じころ、アメリカ国内の富裕層と貧困層の格差が広がりはじめた。その結果、親はわが子を他の子どもより先に「ニュー・エリート」に仕立てるための教育をほどこす必要性が生まれたのだ。

こういった競争心をあおる子育てに加えて、当時広まりつつあったのが、子どもたちは心理的に脆弱《ぜいじゃく》な存在であるという考えかただ。現代の若い親たちは、もっとも多くの精神分析を受けた世代であり、親の選択次第で子どもがダメージを受ける可能性がある、と信じて育ってきた。さらに、一九八〇年代は離婚ブームだ。私たちは、自分の親を反面教師にして、自分勝手ではない選択を選ぼうとする世代なのである。

また、私たちはきわめて危険な世の中で子育てをしている。子どもたちはかつてないほどのリスクにさらされており、親は子の安全についてつねに警戒すべきだ、と連日ニュースで報道されている。

つまり、私たち親は、ストレスと疲労に満ちた子育てをしているのだ。でも、フランスにいる私は今、べつの方法を目の当たりにしている。ジャーナリストとしての好奇心と母としての必死な思いがないまぜになり、私は、最悪の海辺の休暇旅行が終わるころには、フランス人の親のなにがちがうのかを突きとめようと決心していた。そこで、子育てをしながらリサーチを行うことにした。なぜフランスの子どもは食べものを投げないのか？なぜフランスの親はどならないのか？

秘訣《ひけつ》は、ありふれた光景のなかに隠されているにちがいない。今までだれも注目しなかっただけだ。私は、オムツバッグにノートをしのばせることにした。そして、病院での診察やディナーパーティ、子ども同士の遊び、人形劇などはすべて、フランス人の親の行動を観察し、彼らの暗黙のルールを解明するチャンスとなった。

初めのうちは、よくわからなかった。フランス人の親は、ものすごく厳格なときもあれば、おどろくほど寛容なときもある。たずねてみても、役に立つ言葉は返ってこない。

それから数年の間に、パリでさらに双子の男の子を出産し、私は引きつづき手がかりを探しつづけた。数々の文献にあたり、何十人もの親や専門家に話を聞いた。また、学校の送り迎えやスーパーで買いものをするときに、恥ずかしげもなく話を立ち聞きした。そしてようやく、フランス流子育てのちがいを見いだせたように思う。

ここで書く「フランス人の親」は、もちろん一般化されている。親はひとりひとりちがうし、私が出会った親のほとんどは、パリ市内とその周辺に住んでいる。ほとんどが大卒で専門職を持ちフランス国民の平均以上の収入がある。とはいえ、フランス人の親たちは、おどろいたことに、多かれ少なかれ、同じ行動を取っていることがわかった。裕福な弁護士も、託児所の保育士も、公立学校の教師も、公園で私を叱《しか》りつけたおばあさんも、その全員が似たり寄ったりの基本理念を語っていた。私が読んだフランスの育児書と子育て雑誌も、ほぼすべてがそうだ。フランスで子どもを持つと、子育ての方針を多くの選択肢のなかから選ぶ必要はない。あらゆる人が、程度の差はあれ、同じ基本ルールに従っている。この事実ひとつ取っても、親のストレスは少ないはずだ。

では、なぜフランスなのか？　断っておくが、私はフランスびいきではない。むしろ、ここに住んでいるのが不思議なぐらいだ。自分の子どもを、木で鼻をくくったようなパリっ子に育てたいとは思わない。

もちろん、フランスにもさまざまな問題がある。しかし、現代のイギリスやアメリカの子育てが抱える問題をくっきりとあぶりだしてくれるのが、フランスなのだ。比較しやすい理由は、フランスの中流階級の親の価値観が、私たちの価値観にかなり近いことである。パリの親たちだって、熱心に子どもに語りかけ、自然に親しませ、たくさんの本を読んであげる。テニス教室や絵画教室、参加型の科学館に子どもを連れていく。

近隣諸国が人口減に悩むなか、フランスはベビーブームだ。EU諸国のうちで、[*2]フランスよりも出生率が高いのはアイルランドだけである。もちろん、フランス人があらゆる公的サービスを享受していることも、子育てが魅力的でストレスが少ない理由のひとつだ。親は、プリスクールの費用の支払いも、健康保険の心配も、大学進学のための貯金の必要もない。子どもがいるというだけの理由で、毎月手当を支給される人が大勢いる。

でも、私が目撃してきたちがいを生みだしているのは、こういった公的サービスではない。フランス人は、子育てについてまったく別の「基礎」を持っているらしいのだ。何人かのフランス人の親に、子どものしつけ（discipline）についてたずねたとき、相手は、その意味を理解するだけで数秒かかった。「ああ、子どもにどうやって教える（éducation）か、という意味ですか？」と相手は言った。すぐに私は、「しつけ」が懲罰を含む狭義の単語であることに気づかされた。「教える」こと。それこそが、フランス人の子育てに対する姿勢なのだ。

ここ数年、今のアメリカ流子育てはもはや時代遅れだ、という内容のニュース記事を目にするようになった。これまでとはちがった子育て理論を提供する英語の本も、たくさん出ている。

私は、ひとつの理論を確立したわけではない。私が知っているのは、目の前に広がる、きわめて機能的な社会である。そこには夜どおしぐっすり眠り、舌のこえた子どもと、当然ながらリラックスした親がいる。本書では、はじめにその成果を紹介し、その後に、フランス人がそこに行きついた背景を明らかにしていく。ちがうタイプの親になるために必要なのは、ちがうタイプの子育て理論ではない。子どもという存在を、今までとまったくちがう視点で見なおすことだ。

第一章
パリ移住と妊娠

午前一〇時に、つとめている新聞社の編集局長に呼び出された。歯科検診を受けておきなさい。治療保険はきみが出社する最終日に失効する。その日は五週間先だ、との通告だ。その日に二〇〇人以上が解雇され、私はとぼとぼとロウアー・マンハッタンをさまよい歩いた。

実際のところ、少しほっとしていた。六年近く働いて、やめる勇気が持てなかった仕事から、ついに解放されるのだ。ニューヨークの外信部の記者として、ラテンアメリカの選挙や経済危機のニュースを担当していた。急な出張もしばしばで、指令を受けて数時間後に出発し、ホテルで何週間もすごすことはしょっちゅうあった。上司にかなり期待され、ゆくゆくは編集長にという話もあったし、経費でポルトガル語も勉強させてもらった。

それが突然、なんの期待もされなくなるなんて。不思議なことに私は、まあいいか、という気分だった。海外特派員をテーマにした映画は大好きだけれど、実際にやってみると、いろいろと大変だ。えんえんとニュース記事にしばられ、デスクからの電話をさばき、いつも孤独だった。つきあった男性たちとは、たいていは三度目のデートまで続かなかった。

私は、ふたつのことを悟った。政治やお金の記事はもう書きたくないこと、そしてボーイフレンドがほしいということだ。ひとり暮らしの狭いキッチンに立ち、これからどうしようかと思っていたとき、サイモンから電話がかかってきた。彼とは半年前に、ブエノスアイレスのバーで出会った。海外特派員たちの夜の外出に、共通の友人が連れてきたのだ。

サイモンはイギリス人ジャーナリストで、サッカーの記事を書くために数日間アルゼンチンに滞在していた。私のほうは、国の経済危機を報道するための出張だった。偶然にも、ニューヨークからの便が同じだったらしく、私のことを、飛行機の出発を遅らせた女性として記憶していた。免税店で買った商品を取りわすれたのが原因だ（当時は、ほとんどの買いものを空港ですませていた）。

サイモンは、まさに私のタイプだった。肌が浅黒く、ずんぐり体型で頭が切れる（ちなみに彼は、平均的な身長なのに、オランダで、金髪の大男に囲まれて育ったため、「背が低い」と思っている）。初対面から数時間のうちに、「ひとめぼれ」だと気づいていた。彼といると、おだやかな気分になれた。とはいえ、そのときは、「私たち、寝たらだめよね」としか言えなかった。

ときめきつつも、私は慎重だった。サイセンは、イギリスをはなれて、パリに安いアパートを購入したばかり。私は仕事で南米とニューヨークの間を往復する日々。べつの大陸に住む人との長距離恋愛は、苦労が多いにちがいない。ブエノスアイレスで会った後、ときどきメールをやりとりしたけれど、サイモンのことを思いつめないようにしていた。ほかの浅黒くて頭のいい男が、時差のないエリアに現れることを願った。

そんなサイモンが、だしぬけに電話をかけてきた。クビになった報告をすると、サイモンは、おおげさに騒がず、私のことを傷《いた》んだ荷物みたいに扱うこともなかった。反対に、私に自由な時間ができたことをよろこび、「やり残した仕事」があるからニューヨークに来ると言いだした。

「それはまずいわよ」と、私は言った。だって、どうすればいい？　彼はヨーロッパのサッカーの記事を担当しているので、アメリカに移住することはできない。私はフランス語が話せないし、パリで生活するなんて、考えたこともない。急に身軽になったのはいいけれど、自分の軌道を取りもどす前に、ほかのだれかの軌道に乗ってしまうのは嫌だった。

それでもサイモンは、ニューヨークにやってきた。その一か月後、ロンドンで彼の両親にご挨拶《あいさつ》して、六か月後に所持品のほとんどを売り、残りをフランスへ送った。友人はひとり残らず無茶だと言ったけれど、私は耳を貸さずに、特大のスーツケースを三個抱えて、賃貸のワンルームをあとにした。

そして私はパリ市民になった。サイモンがひとり暮らしをしているパリ東部の二部屋のアパートメントに引っこしたのだ。私は、失業保険の小切手が届くと、金融ジャーナリズムを捨てて、本のリサーチを始めた。日中は、ふたり別々の部屋で仕事をした。

ところが、私たちの恋愛ムードはたちまち輝きを失ってしまった。主な理由は、部屋のインテリアデザインだ。棚が嫌いなサイモンは、床にものを積みあげる癖がある。しかも、リビングを占領するほど大きな無垢《むく》材のテーブルを置き、お湯の確保に不安がある旧式なガス暖房システムを導入していた。とりわけ私の気にさわったのは、サイモンがポケットの小銭を床にばらまくことだった。小銭はなぜか、部屋の四隅に集まっていた。「お願いだから、お金をしまってちょうだい」と、私は訴えた。

アパートメントの外にも安らぎがあるとは言えなかった。世界一の美食の都なのに、食べるものが見つからないのだ。私は、アメリカ人女性の例にたがわず、食べもののえり好みが激しい。低炭水化物ダイエットの影響を受けた菜食主義者だ。でも、どこを歩いても、パン屋と肉をふんだんに使ったレストランしかない。しばらくは、オムレツとヤギ乳のチーズ・サラダだけで生きていた。「ドレッシングは野菜にかけずに、べつに添えてちょうだい」とウェイターに頼むと、この人、なに言ってんの、と言わんばかりにじろりと見られた。フランスのスーパーには、あらゆる米国製のシリアルが置いてあるくせに、私のお気に入りの「グレープナッツ」だけがないことも、カフェで無脂肪牛乳を出してくれないことも、理不尽に思えた。

パリに魅了されないなんて、ぜいたくかもしれない。でも、美観だけを理由に街にほれるのはあさはかな気がしたし、私は、もう少しダークなイメージの街が好きだ。たとえばサンパウロ、メキシコシティ、ニューヨーク。ふんぞりかえって、賞賛を待つタイプの街じゃないほうがいい。

どのみち私たちの住む地区は、それほど美しくなかったし、日々の生活は、小さな期待外れに満ちていた。それに、私が学校で習ったフランス語は、パリっ子にはスペイン語に聞こえるらしかった。

パリには素敵《すてき》なものもたくさんある。私が好きなのは、地下鉄のドアが、列車が停止する数秒前に開くこと。街が市民を大人扱いしている証拠だ。

パリの人は無礼なことで有名だが、私は気にならなかった。無礼と感じるためには、少なくとも相手とのやりとりがあるからだ。それよりもきつかったのが、無関心だ。サイモン以外のだれも、私の存在に気づいていないように思えた。そのサイモンは、パリを味わうためにしょっちゅう出かけていたけれど、単純なことでよろこぶので、夢が壊れることはなかった。

問題なのはパリではなく自分なのでは、と思いはじめた。ニューヨークは、少し神経質な女性を好む。たとえば『恋人たちの予感』のメグ・ライアン、『アニー・ホール』のダイアン・キートンのように、聡明《そうめい》で愛らしい女性が思い悩んでじたばたするのが好きなのだ。ニューヨークの女友だちの多くは、悩みといえばせいぜい男性問題ぐらいなのに、家賃よりも高いセラピー代を払っていた。

こういう感覚は、パリにはない。フランス人はウディ・アレンの映画が好きだけれど、実生活では、パリジェンヌは、おだやかで分別があり、少しよそよそしく、きわめて意志がかたい。レストランではメニューにあるものを注文し、自分の子どもも時代やダイエットについてえんえんと語らない。ニューヨークの女性が、過去のあやまちを悩んで自分探しをしているとすれば、なにひとつ後悔がない（少なくとも表向きは）のが、パリの女性だ。「神経症の（neurotic）」という単語は、フランスでは自慢半分に謙遜《けんそん》するための言葉ではない。病気のことなのだ。

イギリス人のサイモンでさえ、私が自信喪失におちいったり、ふたりの関係についてしょっちゅう話したがることに、とまどっていた。

「ねえ、なにを考えているの？」

私はサイモンに、ときどきそうたずねる。たいていは、彼が新聞を読んでいるときだ。

「オランダのサッカーのこと」

サイモンは、いつもそう答える。

それ、真面目《まじめ》に言ってるの？ サイモンは、つねに皮肉めいたトーンで話をするので、真意がわかりにくい。「愛している」と言うときでさえ、せせら笑いがまじっているし、そのくせ私がジョークを言っても、本気では笑わないのだ（親しい友人でも、サイモンにえくぼがあるのを知らない人がいる）。

とはいえ、パリについては疑問だらけでも、サイモンへの信頼は保っていた。

気むずかしい性格のわりに、長年つきあいがあるいい友人が多いことにも励まされた。皮肉の薄皮を何枚もむいていくと、たまらなく魅力的なのかもしれない。サイモンがすごいところは、フランス暮らしにストレスを感じないことだ。人類学者である両親に、赤ちゃんのころから世界のあちこちで育てられ、その土地の慣習を楽しむように仕こまれてきたせいで、外国人という立場が得意なのだ。サイモンは一〇歳までにアメリカでの一年を含む六か国で暮らし、つぎつぎに言語を習得した。

私はサイモンのために、フランスと共に生きる覚悟を決めた。パリ郊外にたたずむ一三世紀のお城で結婚式を挙げた（堀に囲まれた場所で結婚したことについては、深く考えないことにした）。夫婦和合の名目のもとに、より大きなアパートを借りた。〈イケア〉に大きな書棚を注文し、すべての部屋に小銭を入れる器をそなえた。カリカリせずに現実主義になろうとした。レストランではメニューにあるものを注文し、ときどきはフォアグラをかじった。フランス語の発音は、流暢《りゅうちょう》なスペイン語から、下手《へた》なフランス語へと進化した。そうして生活が落ちついてきた。自宅にオフィスをかまえ、本の締めきりを抱え、新しい友人も数人できた。

サイモンと、子どもについて話しあった。両方とも赤ちゃんを望んでいた。実は私は三人ほしいと思っていたし、パリで子育てするのがいいと考えていた。そうすれば、楽にバイリンガルになれるし、正真正銘の国際人だ。たとえ将来オタクになっても、「パリ育ち」と言うだけで、たちまちおしゃれな人になれる。

妊娠できるのかが心配だった。妊娠しないように気をつける時間が長かったので（そして首尾よく妊娠しなかったので)、その逆が果たしてうまくいくのだろうかと。結局は、恋愛と同じく、あっという間にことが進んだ。「妊娠する方法」をグーグルで検索してまもなく、フランス製の妊娠判定薬にピンク色の二本線を見ることになった。

夢心地だった。でも、よろこびと同時に心配もおしよせてきた。サイモンに吉報を知らせた数時間後には、アメリカ発の妊娠についてのウェブサイトを検索してまわった。さらに、ルーブル美術館の近くにある英書専門の書店にかけこんで、妊娠に関する本を数冊買った。今なにを心配するべきなのかを、やさしい英語で読みたかった。

数日のうちに、妊婦用ビタミン剤を飲むようになり、子育てサイト〈BabyCentre〉の「これをしてもだいじょうぶ?」のコラムを熱心に読むようになっていた。妊娠中に、有機栽培ではない農産物を食べてもだいじょうぶ? 一日中パソコンに囲まれているのはだいじょうぶ? ハイヒールは? ハロウィンにお菓子をどか食いするのは? 高地に旅行してもだいじょうぶ?

英米人の女性はたいてい、妊娠して母になることには「宿題」がついてまわると信じている。最初の課題は、無数の子育てスタイルのなかから、ひとつを選ぶこと。知人がすすめる本がてんでんばらばらなので、大量に本を買いこむはめになった。でも、本によってアドバイスがちがうので、読めば読むほど、準備万端と思えなくなり、赤ちゃんがわけのわからない不思議な生きものに感じられるようになった。

勉強と心配に追われているうちに、妊娠が、まるでフルタイムの仕事に思えてきた。出産前に書きあげる約束をしている本があるのに、費やす時間は減るばかり。そして、英米人の妊婦仲間とおしゃべりする時間が増えた。

パリでもかんたんに手に入る、英語で書かれた妊娠についての出版物は、ある意味、不安へと導くための落とし穴だった。とりわけ話題になっていたのが「食事」について。妊娠・出産のあらゆる心配ごとに着目したベストセラー『*What to Expect When You're Expecting*』（邦訳『すべてがわかる妊娠と出産の本』アスペクト刊）の著者は、こんなことを書いている。「フォークを口に運ぶ前に、『これは赤ちゃんの栄養になるかしら？』と考えてください。答えがイエスなら、そのまま食べてもかまいません……」

印象的なのは、「妊娠中の食事」には、ファストフードのチーズバーガーや、砂糖のかかったドーナツをときどき食べて自分を「だまし」てもよい、と書いてある本もあったことだ。たしかに、妊娠自体が自分だましの連続のように思えてくる。妊娠すると食べたくなるものは、女性が青春期以来がまんしてきた食べもののオンパレードだ。チーズケーキ、ミルクセーキ、マカロニチーズ、アイスクリームケーキ。私は、なんにでもレモンがかけたくなり、パンをまるごと一斤食べたくなった。

くずれてきたのは体形だけではなく、冷静さも失われつつあった。空いた時間があると、新作のベビーカーを調べ、疝痛《せんつう》の原因を暗記するようになった。「女性」から「ママ」への進化は、避けられないように感じた。

女としての堕落に王手をかけたのが、セックスだ。セックスは許される行為ではあるけれど、『*What to Expect~*』のたぐいの本には、妊娠中のセックスは安心できない、とされていた。「あなたを現在の状況にみちびいた行為が、重大な問題になる可能性があります」と、著者が警告を発し、セックスをひかえたほうがよいと思われる一八の要因について説明している。たとえば、「膣《ちつ》内に陰茎が入ることで感染症を引きおこすおそれがあります」。セックスを行う女性には、マルチタスクが推奨される。その機会に膣をきゅっとしめるエクササイズをして、出産にそなえて産道を整えるのだ。

こういったアドバイスのすべてを、遵守する人がいるのかはわからない。私のように、心配を増幅させるだけの人もいるだろう。私は敏感な性質の人間なので、発信源から物理的にはなれていてよかったのかもしれない。距離を置くことで、多少はおおらかな気持ちで子育てができる。

この時点で、私はすでに、フランスでの子育てはかなりちがうらしいことに感づいていた。パリのカフェで、テーブルにふくらんだお腹《なか》をつっかえさせながら席についても、だれも、カフェインの警告をしない。それどころか、すぐ横の席で、タバコに火をつける。それもお腹に気がついた人がたずねる唯一の質問は、「あなた、子どもを待っているの?」。それが、フランス語で「妊娠していますか」という意味だと気づくのに、少し時間がかかった。

私は、赤ちゃんを待っている。それはおそらく、今までの経験のなかで、もっとも重要な待ち時間だ。パリには不安もあるけれど、他人の批判を気にせずにすむ環境で、「待つ」のは、なんだかいいことのように思えた。パリは世界有数の国際都市ではあるけれど、形式ばらずに羽を伸ばせるような気がした。フランスにいると、会社や店や学校の名前など、社会的な地位や序列をそれとなく示すヒントに気づくことができない。また、相手も外国人である私のステイタスを知らない。

荷物をまとめてパリに移住したときは、ここでの暮らしがずっと続くと思っていなかった。でも今は、サイモンが外国人としての暮らしを気に入りすぎていることが、心配になっている。子どものころからあちこちの国で育ってきたので、外国人でいるのが自然なのだ。多くの人や都市と関わりを持っているので、正式な「ふるさと」の必要を感じないらしく、そんな自分のスタイルを、「半独立式」と、まるでロンドン郊外のタウンハウスのように呼んでいる。

英米人の友人らは、転職などを理由にすでにフランスを去っていった。でも、サイモンと私の仕事は、ここに住まなくてもできる。ここにいるべき理由はなにひとつないのだ。「理由がない」こと、そして赤ちゃんができたことが、ここにいる最強の理由。私はそんなふうに思いはじめていた。

第二章
パリの妊婦はなぜスリムなのか

引っこし先のアパートメントは、パリの絵はがきにはうつっていない。中国系住民が多いガーメント地区の狭い裏通りにあり、服をつめたゴミ袋を運ぶ人たちにしょっちゅうぶつかる。エッフェル塔やノートルダム大聖堂、優美な曲線を描いて流れるセーヌ川と同じ街だという気配はまったくない。

でも、この界隈《かいわい》は、私たちの生活に合っている。サイモンと私は、近所のお気に入りのカフェまでめいめいに散歩して、ひとりの朝を楽しむ。とはいえここでも、慣れない規則に従って人と交流している。店のスタッフと冗談をかわすのはよくても、常連客とは一般的には会話をしないのだ（ただし、バーでバーテンダーと話をしている客ならオーケー）。私は、匿名の身分で羽を伸ばしてはいるけれど、人と接触したかった。ある朝、常連客との会話にチャレンジした。何か月も、毎日見かける男性に、アメリカ人の俳優に似ていますね、と話しかけたのだ。ところがその男性は、ジョージ・クルーニーを知らなかった。「それ、だれですか？」と陰険に聞きかえされ、二度と話をすることはなかった。

新しいご近所さんとは、少しは親しくなることができた。わが家の前の道は人どおりが多く、玉石をしいた庭に面していて、低層住宅やアパートメントが向かいあわせに並んでいる。居住者は芸術家、若い専門家、常勤ではない謎《なぞ》めいた人々、不安定な小石の道を用心深く歩いている初老の女性などだ。

隣人で建築家のアンヌは、ありがたいことに、私より数か月前に出産する予定だった。

食事や心配にとらわれていたアメリカ人の私は、アンヌを含むフランス人の妊婦たちが、まったくちがった態度で出産にのぞんでいることに、嫌でも気づかされた。

なによりもまず、彼女たちは、妊娠を「一大研究プロジェクト」のように扱わない。フランスにも、多くの育児本や雑誌、ウェブサイトがある。でも、必読というわけではないし、情報の海におぼれている人はいないようだ。私が出会ったフランス人女性で、子育て本を見くらべたり、子育てテクニックの名称を口にしたりする人はひとりもいない。最新の必読書も、影響力の強い専門家も、存在しない。

あるパリジェンヌのママは、こう言った。

「そういう本は、自信のない人には便利だけれど、本を読みながら子育てなんてできないわ。自分のフィーリングを大切にしなきゃ」

私が出会ったフランス人女性はみな、母親になることにも、赤ちゃんの健康についても、きわめて気楽にかまえていた。もちろん、神妙な気分になるし、心配するし、人生の大きな転換期を迎えるという意識はある。だけど、英米人とは発しているオーラが大きくちがう。英米人の女性は、あれこれと心配し、妊娠中からすでに自分を犠牲にすることで、母になる覚悟を示すのが一般的だ。しかし、母になるフランス人女性は、おだやかな雰囲気をかもしだし、楽しみを捨てないことを誇示している。

フランスのマタニティ雑誌『*Neuf Mois*（九か月）』には、出産間近の妊婦が、レース素材のアンサンブルを着て、こげ茶色の髪をなびかせ、ペストリーをかじり、指についたジャムをなめている写真が掲載されている。「妊娠中にも、女でありたい気持ちを大切にしましょう。パートナーにシャツを借りたくなっても、がまんして」という記事も。未来のママの媚薬《びやく》リストとして、チョコレートにショウガ、シナモン、そしてフランス人らしく、マスタードが挙げられていた。

一般的なフランス人が、こういう呼びかけに真面目に応じているとわかったのは、近所に住むサミアに部屋を案内してもらったときだ。サミアはアルジェリアの移民の娘で、シャルトル育ち。私が、高い天井とシャンデリアをほめていたときに、サミアが写真の束を手に取った。

「これ、妊娠していたときよ。ほら見て、この大きなお腹！」と、何枚かの写真を手わたしてくれた。言われたとおり、写真のなかの彼女は出産間近である。そして、トップレスだった。

お互いを「vous（あなた）」とフォーマルに呼びあう仲なのに、いきなりヌード写真を手わたされたことにショックを受けたが、その写真の魅力的なこと。まるで、雑誌の下着モデルのようだった（下着はつけていないけれど）。

たしかにサミアは、雰囲気のある女性だ。二歳の娘を保育所に送るときは、フィルム・ノワールの世界から抜けだしたみたいに、ベージュのトレンチコートのウエストをしぼり、黒いアイライナーをひいて、赤い口紅を輝かせている。知り合いのなかで、本当にベレー帽をかぶっている唯一のフランス人だ。

とはいえ、サミアはたんにフランス人の従来の知恵「四〇週間かけて母親へと変化する間にも、女らしさを忘れてはいけない」を守っているだけだ。フランスのマタニティ雑誌には、妊婦がセックスをしてよいと書かれているだけではなく、行為の方法について、くわしく解説してある。『*Neuf Mois*』には、「騎乗位」「逆の騎乗位」「グレーハウンド」「椅《い》子《す》」など、一〇種類の体位が展開されていた。「漕《こ》ぎ手」には六つのステップがあり、仕上げは「女性の上半身を前後にゆらし、摩擦を与えて刺激します」となっている。

『*Neuf Mois*』は、妊婦が「大人のおもちゃ」を使うメリットについてもたっぷりページを割いている。「ためらわないで！　全員にメリットがあります。赤ちゃんにも。オルガスムのとき、赤ちゃんは水中でマッサージされるような『ジャクジー効果』を感じます」と、記事にあった。

夫のサイモンは、とあるパリ在住の父親に、妻の女性としての神秘性を保つために、出産に立ち会うときは脚ではなく頭のほうに立つようにとアドバイスを受けたそうだ。

ちなみに、フランス人の妊婦はタバコを吸ったり酒を飲んだりする、というステレオタイプは、すでに時代遅れだ。知り合った女性のほとんどは、妊娠中にたまにシャンパンを一杯飲むか、まったくアルコールを口にしなかったと言っていた。一度だけ、路上でタバコを吸っている妊婦を見かけたけれど、それが月に一度の喫煙かもしれないと思って、そっとしておいた。

ポイントは、「なんでもあり」ではないこと。妊婦は、冷静かつ分別ある行動を取るべきなのだ。フランスのママは、食べものや物質のうち、確実にからだに悪いものと、汚染されているときのみ危険なものを、はっきりと区別している。妊娠七か月の理学療法士である近所のキャロラインは、担当医からの食事制限が一切なく、自分からもたずねなかったそうだ。「知らないほうがいいわよ！」とキャロラインは言う。タルタルステーキを食べ、クリスマスにはもちろん家族といっしょにフォアグラを食べた。ただし、きちんとしたレストランを選ぶか、家で食事をした。ひとつだけ気をつけたのは、加熱処理をしていないチーズを食べるときに、ふちを切りおとすことだ。

フランスの妊娠情報の記事では、ありそうもない最悪のシナリオをえんえんと説明することはない。逆に、これからママになる人に一番必要なのは、おだやかにすごすことだと提案している。ある雑誌の見だしは「リゾート気分の九か月間」。フランスの政府が発行する無料のブックレット『*Le guide des nouvelles mamans*（新しく母親になる人のためのガイド）』は、「妊娠は大きな幸福の時間であるべきです！」とうたっている。食事のガイドラインは、赤ちゃんの「調和のとれた成長」を助けるものであり、ママはさまざまな味をつうじて「インスピレーション」を得るべきだという。

安全性が心配になるけれど、実際にだいじょうぶらしい。フランスは、母親と赤ちゃんの健康について、ほぼすべての項目で、アメリカとイギリスに勝っている。フランスの乳児死亡率は、イギリスより二九パーセント低く[*3]、五歳未満の死亡率は、フランスはアメリカの半分である。ユニセフのデータによると、出生時に低体重の赤ちゃんはフランスでは六・六パーセント、アメリカでは七・九パーセントである。

フランス人の妊婦は、おだやかであると同時に、スリムである。もちろん、太っている妊婦もいる。一般的に、パリ中心部からはなれるほど、体脂肪率は増加するようだ。でも、周囲にいるパリジェンヌときたら、まるでレッドカーペットを歩くセレブのようだ。バスケットボール大のお腹から、ほっそりした手足とお尻が生えているみたいに見える。後ろ姿では、妊婦だと気づかないほどだ。

　私は、歩道やスーパーマーケットで、足を止めて見とれてしまうようなプロポーションの妊婦に大勢出くわした。実はこの「フランス基準」は、厳密に明文化されている。英語圏の妊娠情報によると、私の身長では、妊娠中の体重増加は一五・九キログラムまで。しかしフランスの計算によれば、一二キログラムまでしか体重を増やせないのだ（私がそうと知ったときには、もう遅かった）。

　フランス人の女性は、どうやってこの制限値を守っているのだろうか？　ひと役買っているのが、社会的なプレッシャーだ。

フランス人から見れば、妊婦の異常な食欲は、克服すべき厄介な問題だ。フランスの女性は、英米人のように「お腹の赤ちゃんがチーズケーキをほしがっているのね」とは思わない。

でも、それほど禁欲的な印象はない。フランス人の女性はそもそも、妊娠を過食のフリーパスとは見なしていないのだ。その理由として、大人になってからの人生で、自分の好きな食べものを否定したり、こっそり大量に食べたり、ということをしていないことが挙げられる。「アメリカ人の女性は、隠れてこっそりと食べることが多い。その結果として感じるのは、よろこびではなく罪悪感である。（中略）そういう楽しみが存在しないようなふりをしたり、あるいは長期間にわたって食生活から抹消することは、おそらくまた体重が増えることにつながる」とミレイユ・ジュリアーノは著書『*French Women Don't Get Fat*』（邦訳『フランス女性は太らない』日本経済新聞社刊）に書いている。

妊娠中期に、パリに英語を話す親のためのサポートグループがあると知った。私は、そこで仲間に出会った。「メッセージ」というその団体のメンバーの方々に、英語を話すセラピストや、イギリスのベーコンや〈マーマイト〉、ベーコン味のスナック菓子など、あこがれの食品を扱う店を教えてもらった。

「メッセージ」のメンバーや知り合いの英語圏出身の妊婦にとって、もっとも多いジレンマは、出産方法に関するものだ。あるローマ在住のアメリカ人は、イタリア産ワインの大《おお》樽《だる》（ピノ・グリージョではなく水を張った）で分娩《ぶんべん》した。マイアミ在住の友人は、出産の痛みは「文化的概念」だとなにかで読んで、ヨガ呼吸だけを使って双子を出産した。「メッセージ」が後援する育児教室には、本場のオーストラリア式の出産をするために、シドニーに帰省した人がいた。

人生のさまざまなイベントと同じく、出産もまた、自己流にこだわりたい大切なイベントである。私の産科医は、ある英語圏出身の妊婦から四ページにわたる出産計画書を手わたされた。そこには、出産後にクリトリスをマッサージするようにと指示してあったそうだ。女性のオルガスムによる子宮収縮が、胎盤の娩出をうながすらしい。興味深いことに、両親共に分娩室への入室を許可する、とも明記されていた（その医者は、「とんでもない。逮捕されるのはごめんですよ」と断ったそうだ）。

だれも話題にしないことだが、実は、世界保健機関による最新の医療ケアシステムの評価で、フランスは一位である。イギリスは一八位、アメリカは三七位。[*4] それなのに私たち英米人は、フランスのシステムが医療過多で反「ナチュラル」であることに注目しがちだ。「メッセージ」の妊婦のメンバーは、フランスの医者が陣痛促進剤を使ったり、強引に硬膜外麻酔をほどこしたり、新生児にこっそり哺乳瓶《ほにゆうびん》で粉ミルクをあげて母乳育児の邪魔をしたりするのでは、と心配している。全員が英語で書かれた妊娠情報に目をとおしているのだが、そこには、硬膜外麻酔にわずかなリスクがあることが強調されている。

私たちの感覚では、「自然出産」を経験すると、英雄扱いだ。あるイギリス人ママは、故郷のブライトンで会陰《えいん》切開を頼んだら、助産師に「どうして切るの？ 怖いんですか？」とききかえされ、「まるで臆病者《おくびょうもの》呼ばわり」だったそうだ。イギリスには、出産の痛みをたっぷり経験することを勧める腕利きの助産師がいるそうだ。痛みも[*5]赤ちゃんのお世話をする準備の一環、ということらしい。

ラマーズ法で有名な自然出産の生みの親、フェルナンド・ラマーズ博士の出生地であるにもかかわらず、フランスでは硬膜外麻酔による無痛分娩が一般的だ。パリの有名な産院やクリニックでは、平均して約[*6]八七パーセントがじつに無痛分娩だ。九八〜九九パーセントという病院もある。

フランスでは、麻酔に大騒ぎする女性はほとんどいない。フランス人のママに、どこで出産するかときかれることはあっても、出産方法をたずねられたことは一度もない。どうでもいいことなのだ。フランスでは、出産方法がその人の価値観の指標になったり子育てのスタンスを決めたりすることはない。それは、赤ちゃんを子宮から母親の腕のなかに安全に運ぶための手段にすぎないのだ。

フランスでは、麻酔をしない出産を「自然」出産とは言わない。たんに「硬膜外麻酔をしない出産」と呼ぶ。フランスでも、水中出産用のプールや分娩時に妊婦が抱える巨大なゴムボールをそなえた病院が、わずかだが存在する。しかし、そういう分娩を選ぶフランス女性は、ほとんどいない。パリで麻酔をしない一〜二パーセントの女性は、クレイジーな英米人か、病院への到着が間にあわなかったフランス人だそうだ。

脚の脱毛ですら悲鳴をあげる私なので、自然分娩に向いているとは思えない。痛みは文化的概念だなんて、おそらく思えないだろう。

それよりも私が心配していたのは、病院に間にあうかだった。友人のアドバイスに従って出産予約を入れた病院は、町の反対側にある。もしもラッシュアワーに破水すれば、まずいことになる。

それに、タクシーに乗せてもらえるかが心配だ。パリ在住の英米人（一時滞在なので、マイカーを持っていない人が多い）の間では、フランスのタクシー運転手は、車内で産まれたら困るので、産気づいた女性を乗車拒否するというのが、もっぱらの噂《うわさ》だった。後部座席での出産が理想的ではない理由はほかにもある。サイモンは、『*What to Expect*〜』に書かれた緊急の自宅出産の手順さえ、おじけづいて読めなかったのだ。

陣痛は夜八時ごろに始まった。テイクアウトしたてのあつあつのタイ料理を食べそこねた（病院のベッドでもそのことを考えていた）けれど、道が空《す》いていたのはありがたかった。

私は、サイモンが呼んでくれたタクシーに、静かに乗りこんだ。口ひげのある五〇代ぐらいの運転手だ。どうか引きずりおろされませんように。

心配はいらなかった。後部座席の私のうめき声を聞くと、タクシーを走らせていた運転手が「タクシー運転手になったときから、この映画みたいな瞬間を待っていた」と大よろこびしたのだ。

車のスピードが上がり、頭上を、街灯の光が飛ぶように流れてゆくのが見えた。運転手が、二〇年前に息子が産まれたときの話を始めた。「スピード、落としてちょうだい！」私は陣痛の合間に、床にはいつくばりながら懇願した。サイモンは青ざめた顔をして、黙ってまっすぐ前を見つめていた。

「なにを考えているの？」

「オランダのサッカー」

いつもの答えが返ってきた。

病院に到着すると、運転手が救急用の入り口に車を止め、タクシーから飛びだして病院にかけこんだ。まさか出産に立ち会うつもり？　運転手はすぐに戻ってきた。「入ってください、とさ！」と、汗を流し、息を切らしながら叫んだ。

料金の支払いと、運転手にお引きとり願う説得をサイモンにまかせて、病院のなかに入った。助産師の顔を見た瞬間、私はこれまでで最高にはっきりしたフランス語で、こう言いはなった。「無痛分娩をお願いします！」。札束を持っていたら、ふりかざしていたところだ。

フランスでさかんな硬膜外麻酔は、リクエストすればただちに行われるわけではなかった。助産師は、子宮口のチェックのために診察室へと案内すると、とまどった微笑を浮かべて私を見あげた。子宮口が、最大一〇センチメートルのうち、わずか三センチメートルしか開いていない。ふつうはこんな早い段階で麻酔を希望しませんけれど、とのこと。助産師は、食事中の麻酔専門医を呼び出してくれなかった。

でも助産師は、ものすごくリラックスできる音楽（チベットの子守唄《こもりうた》だった）をかけ、痛みをやわらげる点滴を打ってくれた。疲れ果てた私は眠ってしまった。

投薬を受けたお産は、とても快適だった。麻酔のおかげで、まったく苦しまずに、ヨガの動きのように赤ちゃんを正確に力強く押しだすことができた。出産だけに集中していたので、近くに住む産科医のティーンエイジャーの娘が、産後の分娩室に入ってきておこづかいをねだっても、気にならなかった。

たまたま、麻酔専門医も、助産師も医者も、全員が女性だった（脚からはなれた位置で、サイモンも待機していた）。夜明けと共に、赤ちゃんがやってきた。

産まれたばかりの赤ちゃんは父親に似ている、となにかで読んだことがある。父親の父性を刺激し、狩りに（もしくは勤めに）出かける衝動をあおるためだ。私が娘を見た第一印象は、サイモンに似ている、ではなく、サイモンと同じ顔、だった。

夫婦でしばらく抱っこしてから、娘は病院が配付するシックでおしゃれな肌着にくるまれ、きなり色の帽子をかぶせられた。娘にはちゃんとした名前をつけたけれど、その帽子のせいで「ビーン（豆）」と呼びかけそうになった。

私は六日間入院した。フランスでは、通常の出産で、これぐらい長く入院するのが標準だ（公立の病院では、国民保険でほぼすべてがカバーできる。私立の病院は費用が高いので、国民保険では一部しかカバーできない）。どのみち、私には退院する理由が見つからなかった。ルームサービスには、シャンパンを含む長いワインリストまで用意されており、毎食焼きたてのパンが出てくるし（クロワッサンを買いに外出する必要がない）、日あたりのよい庭を散歩できる。三日目、ついビーンに「昨日産まれた赤ちゃんじゃないんだから！（注：子どもっぽい人をたしなめるときの慣用句）」とジョークを言ってしまったけれど、サイモンにはまったく受けなかった。

フランスでは、赤ちゃんが産まれると全員に手引き書が配られる。この国にはやはり共通の子育てルールがあるのか、新生児に『*carnet de santé*（健康ノート）』という白いペーパーバックの冊子が発行され、一六歳になるまで使うのだ。医者はこの冊子に、すべての検診と予防接種を記録し、子どもの身長、体重、頭囲をグラフにする。また、赤ちゃんの食事や入浴、健診の時期、病気の見ぬきかたといった、基本常識についても記されている。

でも、冊子を読んでも、ビーンの姿の変化までは予測できなかった。一か月ほどの間は引きつづきサイモンにそっくりで、こげ茶色の髪と瞳《ひとみ》をしていた。サイモンと同じえくぼまであり、母親が疑われそうなほどのそっくりぶりだった。私の金髪と色の薄い瞳の遺伝子は、サイモンの浅黒い地中海の遺伝子にストレート負けしたようだ。

でも生後二か月のころ、ビーンが大きな変貌《へんぼう》をとげた。髪がブロンドになり、茶色い目が青くなってきた。地中海の赤ちゃんが、いきなりスウェーデン人のようになった。

ビーンは、戸籍上はアメリカ人だ（大きくなるとフランスの市民権を要求することができる。サイモンはイギリスで生まれていないため、ビーンをただちにイギリス人にすることもできない）。ビーンは、ものの数か月で私よりフランス語が達者になるだろう。アメリカ人らしく育てるのか、それともフランス人らしく育てるのか、まだ決めていない。それとも、私たちに選択肢などないのかもしれない。

第三章
フランス人の赤ちゃんは朝までぐっすり眠る

ビーンを家に連れてかえって数週間が経ったころ、近所の人に「赤ちゃんは、ちゃんと夜をすごせてる?」ときかれるようになった。

「朝まで眠ってくれる?」のフランスバージョンを耳にしたのは、初めてだ。ほっとさせられる言いまわしだ、と初めは思った。「夜に眠る」はさておき、「夜をすごす」のなら、みんなやっていることだ。

でも、たちまち私は、その質問にいらだつようになった。ビーンが「ちゃんと夜をすごせる」わけがない。ビーンは生後二か月だ(そして生後三か月になり、四か月になった)。小さな赤ちゃんは、上手に眠れなくてもあたりまえだ。英米人の友人から、この月齢で、夜九時から朝七時まで眠りつづけたという話も多少は聞くが、一歳ぐらいまでは、夜中に起こされる親が大半だ。四歳になっても、夜中に両親の寝室に入ってくる子もいる。

しかも英米人の友人や家族は、それでいいと思っている。だから、「この子、ねんねはどう?」のように、もっと柔軟な回答ができるききかたをする。しかも、答えを求めているわけではなく、疲れ果てた親に、愚痴を言うチャンスを与えるための質問なのだ。

私もまた、赤ちゃんとの生活には、睡眠不足がついてまわるものだと思っていた。『デイリー・メイル』紙(イギリスのタブロイド紙)に、「新生児の親は、子どもが二歳になるまでに、六か月分の睡眠を逃す」という見だしがあった。ベッド会社が委託した研究結果からの引用だ。読者もこの記事に納得しているようで、ある人は、こんなコメントをしている。「悲しいけれど、事実です。一歳になる娘は、今まで一度も朝まで眠ったことがなく、私たちの睡眠時間はよくて四時間です」。アメリカの国立睡眠財団の調査によると、よちよち歩きの幼児の四六パーセントが夜に目を覚ますにもかかわらず、子どもの睡眠に問題があると思っている親は、わずか一　パーセントにすぎない。

サイモンと私は、もちろん夜泣き対策を考えていた。私たちが選んだのは、授乳のあとに赤ちゃんの目を覚まさせておく、という作戦だ。ところが、ビーンが産まれてから長期間試したけれど、効果はなかった。

結局、私たちはべつの作戦に出た。ビーンを昼間は明るいところで、夜は暗がりだけですごさせるようにしたのだ。毎晩、同じ時間にお風呂《ふろ》に入れ、ミルクを飲ませる間隔をなるべく空けた。脂肪の多い食事で母乳が濃くなるという話を聞いたので、私は数日間、ほとんどクラッカーとブリーチーズしか食べなかった。遊びに来たニューヨークの知人から、子宮内の音をまねて「シューッ」という大きな音を聞かせるといい、と教えられ、夫婦で何時間も「シューッ」と言いつづけたこともある。

でも、なにも変わらない。生後三か月になっても、ビーンは夜に何度も目を覚ました。そうなると長い手順を踏むことになった。まず私がビーンをあやして寝かしつけてから、起きないように一五分以上抱っこして、新生児用のかご型ベッドに戻すのだ。サイモンは、先のことまで考えるのが得意な性格が災いして、夜になるたびに、これが永遠に続くのかと落ちこんだ。目の前しか見えない私は、それをいいことに、この状態が半年続くことを考えずに（実際には続くのだが）、今夜のひと晩を終わらせることだけに専念できた。

私が聞いた最悪のケースは、ワシントンD.C.の友人の友人、アリソンだ。アリソンは、アメリカの名門大学を卒業したマーケティングの専門家で、息子は七か月。息子が生後六か月になるまで、一日中、二時間おきに世話をしていた。七か月になると、四時間まとめて眠るようになった。アリソンはくたくたに疲れ果て、しかたなく仕事を休止している。子ども特有の殺人的な睡眠スケジュールに合わせるしかない、と感じていた。

代替策として挙げられるのは、「睡眠トレーニング」を行うこと。親が赤ちゃんを泣かせっぱなしにする「クライング・コントロール」（寝る環境をととのえて赤ちゃんをベッドに寝かせ、ひとりで眠らせる方法）だ。この方法についてなにかで読んだことがあるが、少なくとも生後六〜七か月以上の乳児が対象のような印象を受けた。

少々残酷な感じがするものの、サイモンと私は、睡眠トレーニングを理論上は支持している。でも、うちのビーンは、ここまで軍隊じみたやりかたをするには、幼すぎるように思えた。ほかの英米人の友人や家族と同じで、ビーンが夜泣きをするのは、お腹が空いたか、なにかを要求しているか、それともたんに、赤ちゃんだからしかたがない、と考えていた。まだ小さいのだから、こちらが折れてあげよう、と。

睡眠について、フランス人の親にもたずねてみた。ご近所さんと、仕事の知り合いと、友人の友人たちだ。すると全員が、子どもははるかに早い時期から朝までぐっすり眠った、と答えるではないか。サミアの二歳になる娘は、生後六週間で朝までぐっすり眠るようになった。日付もしっかり記録しているそうだ。近所に住むスリムな税額査定官ステファニーは、息子のニノが「ちゃんと夜をすごす」ようになった時期をたずねられると、恥ずかしそうな顔をして、こう言った。

「うちは、とっても遅かったの！　一一月だったから、あれは……生後四か月のときね！」

フランス人の「睡眠ストーリー」には、信じられないほどすばらしいものもある。フランスの保育所で働き、パリの郊外に住むアレクサンドラの娘はふたりとも、生後まもなくから朝まで眠ってくれたそうだ。「産科病棟にいるときから、朝六時に起きて哺乳瓶のミルクを飲んでいたわ」

こういったフランス人の赤ちゃんの多くは、哺乳瓶のミルクで育っているか、母乳とミルクの混合だ。でも、それが大きな差につながるようには思えない。フランスでは母乳育ちの赤ちゃんもちゃんと夜をすごしている、と話に聞いた。職場に復帰するときに母乳をやめたフランス人のママもいる。たいていが生後三か月だ。でも、赤ちゃんはそれまでに、すでに「夜をすごしていた」そうだ。

初めは、話を聞いたフランス人がたまたま幸運なのだと思っていたけれど、証拠はぞくぞくと集まった。フランスでは、赤ちゃんは生後早い時期から、朝まで眠るのが標準なのだ。睡眠にまつわるひどい話は、英米人の家庭に多く、よく眠る子の話は、フランス人の家庭でかんたんに見つかる。私に話しかけてきたご近所さんは、耳の痛い話をするつもりはなかったわけだ。生後二か月の娘が、すでに「ちゃんと夜をすごせている」と、心から信じていたのである。

フランス人の親だって、赤ちゃんが生後すぐにぐっすり眠るとは思っていない。でも、起こされてばかりの、夜がつらくなってきた二〜三か月後には、終わりがやってくるのだ。親は夜泣きを、長期ではなく短期の課題としてとらえている。私が話を聞いた人は全員、遅くとも生後六か月、ほとんどがそれよりはるかに早くに、「ちゃんと夜をすごせる」のが当然、と考えていた。雑誌『*Maman!*』には、「たいていは、六週間で夜がすごせるようになりますが、リズムを見つけるのに四か月かかる子もいます」と書いてあった。睡眠ガイドのベストセラー本『*Le sommeil, le rêve et l'enfant*（睡眠、夢、子ども）』には、生後三か月から六か月の間に「朝まで眠れるようになり、最低でも八時間から九時間眠ります。親は、ようやく夜を邪魔されずにまとめて眠れるよろこびを取りもどすことができるのです」と書かれている。

もちろん例外もある。だからフランスにも、赤ちゃんの睡眠ガイドや小児科の睡眠専門家が存在するのだ。生後二か月で夜をすごせるようになった赤ちゃんが、数か月後にふたたび夜中に起きることもある。フランス人の子どもで、一年かかったケースも耳にした。でも、フランスに長年住んでいても、身近にそういう子はひとりもいなかった。ビーンと仲良しの女の子のママ、マリオンの息子は、夜をすごせるまで六か月かかった。これが、私の知るパリっ子のうちで最長だ。ほとんどは、建築家であるポールの息子のように、生後三か月半で夜八時から朝八時まで一二時間ぐっすり眠る。

しゃくにさわるのは、フランス人の親が、子どもが朝まで眠るようになった時期はしっかり覚えていても、その経緯を説明できないことだ。リチャード・ファーバー博士が開発した「ファーバー式」のような睡眠トレーニング法も使っていないし、泣いた赤ちゃんを長時間ほうっておくことは絶対にないと言い張る。実際、私がこのテクニックについて口にすると、たいていの親は嫌な顔をした。

年配の親にたずねても、手がかりはなかった。広報の仕事をする五〇代のフランス人女性（ペンシルスカートにピンヒールで出勤する）は、私が赤ちゃんの夜泣きで悩んでいることにショックを受けた。「眠らせるために、なにか飲ませたら？　薬とか、そういったものを」と彼女は言った。せめて、だれかに赤ちゃんを預けて一、二週間スパでゆっくりするべきだと勧められた。

若いフランス人ママで、子どもに睡眠薬を与えたりサウナにこもったりする人はいなかった。たいていは、赤ちゃんが、まとめて眠ることを自力で学んだ、と主張する。先ほどのステファニーは、自分はほとんどなにもしていないそうだ。「子どもの問題だもの。決めるのは子どもよ」と、彼女は言った。

ファニーも同じ意見だった。金融雑誌の発行者である彼女は、息子のアントワーヌは生後三か月のとき、突然午前三時のミルクをやめて、一晩中眠るようになったと言う。「この子が眠ると決めたのよ。私は無理強いしなかったわ。ミルクがほしいときに与えただけ。決めるのは彼のほうなの」と、ファニーは説明した。

この会話を聞いていたファニーの夫ヴィンセントが、生後三か月というのは、ちょうどファニーが仕事に復帰した時期だと指摘した。このタイミングは偶然ではない、と彼は言う。息子のアントワーヌは、母親が出勤のために早起きする必要があることを理解したのだ、と。私が話を聞いたほかのフランス人の親たちも同じようなことを言っていた。ヴィンセントは、この感覚と比較できるものとして、アリが触角から化学物質をとばして仲間と交信することを例に挙げた。

「僕たちはフィーリングを信じているんだ。小さな子どもでも、いろんなことが理解できるのだと思うよ」と、ヴィンセントは言った。

フランス人の親に、眠らせるコツをいくつか教えてもらった。ほぼ全員が提案したのは、月齢が低いうちは、日中は赤ちゃんを、昼寝のときにも明るい場所にいさせ、夜は暗いべッドで寝かせる、という方法。そして、やはりほぼ全員が、生後すぐから、親は赤ちゃんを注意深く「観察」し、そのうえで赤ちゃんの持つ「リズム」に従うべき、と口にした。フランス人の親は、リズムの話をしょっちゅうしている。子育てではなく、ロックバンドでも始めるつもりかと思うぐらいだ。

「0か月から六か月までは、睡眠のリズムを尊重するのが一番よ」と、赤ちゃんが産まれた直後から夜どおし眠ったアレクサンドラは話す。

私だってビーンを観察している。午前三時に。どうしてわが家にはリズムがないの？　朝までぐっすりが「自然とそうなる」のなら、どうしてうちの子もそうならないの？

フランス人の睡眠ルールの謎が解けたのは、奇《く》しくもニューヨークを訪れたときだった。アメリカに行ったのは、家族と友人に会うため、そして英米人の子育てを肌で感じるためだ。旅行中に、トライベカ地区に数日間滞在した。ロウアー・マンハッタンの、工業用の建物がしゃれたワンルームアパートメントに改築されたエリアだ。近くの遊び場をぶらつきながら、ママさんたちとおしゃべりをした。

子育て情報通のつもりだった私は、自分が素人であることを思いしらされた。ここのママたちは、あらゆる情報を読みつくしているだけではなく、まるでデザイナーズブランドを取捨選択するように、睡眠、しつけ、食事について異なる師匠をチョイスして、子育てスタイルをカスタマイズしていたのだ。私がうっかり「アタッチメント（愛着）育児」と口にしたとたん、トライベカ地区のママから、すかさず指導が入った。

「その用語、好きじゃないのよ。だって自分の子どもにアタッチメントのない人なんて、いる？」


睡眠の話題になった。私は、ママたちがたくさんの理論を引用したあとに、一歳のわが子が夜に二回も起きると不満をもらすことを期待していた。でも、あてが外れた。トライベカ地区の赤ちゃんの多くは、フランス風に、生後二か月から「ちゃんと夜をすごせる」らしいのだ。フォトグラファーのママが、子どもをミシェル・コーエンという地元の小児科医に連れていく親が多いと教えてくれた。そのママは、「マイケル」ではなくビートルズの歌のように「ミ・シェル」と発音した。

「ひょっとして、そのお医者さん、フランス人なの？」と、私はたずねた。

「そうよ」

「フランスから来たフランス人？」

「フランスから来たフランス人よ」

私はさっそく、コーエン先生に会う約束を取りつけた。ミシェルの待合室に入ると、自分がパリではなくトライベカにいることが実感できた。〈イームズ〉のラウンジチェア、レトロな七〇年代の壁紙、中折れ帽をかぶったレズビアンの母親。黒いタンクトップを着た受付係が、次の患者の名前を呼んだ。「エラさん？　ベンジャミンさん？」

コーエン先生が姿を見せると、私はたちまち、彼がママたちの間で大人気である理由がわかった。無造作な茶色い髪、鹿《しか》のようなつぶらな瞳、日焼けした肌。すそを出したブランドもののシャツ、サンダルとバミューダパンツ。アメリカに二〇年住んでいるのに、チャーミングなフランス語なまりと話しかた。今日は仕事が終わったので近くのカフェで話しませんか、と誘われた私は、よろこんでうなずいた。

コーエン先生はアメリカを愛していた。企業家と一匹狼《いっぴきおおかみ》を大事にする国であることが、アメリカびいきの理由のひとつだという。開業した「トライベカ小児科」は五か所に拡大し、子育ての本も出版している。表紙に自分の写真を載せた『*The New Basics*』という含蓄のある本だ。

コーエン先生は、ロウアー・マンハッタンの小児医療に改革をもたらした功績を、フランスの手柄とは認めたがらない。一九八〇年代の終わりに祖国をはなれた彼は、フランスを、新生児が病院で泣かせっぱなしにされている国として記憶しており、いまだに「公園に行くとかならず、ぶたれている子どもがいる」と話した（昔はそうだったのかもしれない。でも、パリの公園で、子どもが叩《たた》かれるのを目撃したのは一度だけだ）。

にもかかわらず、コーエン先生の「指導」のいくつかは、まさに現代のパリっ子の親が実践していることそのままだった。離乳食を、味のないシリアルよりも、野菜や果物から始める。アレルギーにとらわれすぎない。「リズム」という言葉を口にし、子どもに、フラストレーションの扱いかたを学ばせるのが大切だと主張した。心おだやかであることを重んじ、子どもの健康のみならず、両親の生活の質を重要視していた。

では、コーエン先生はどうやって、トライベカの赤ちゃんに「ちゃんと夜をすごす」ことを教えているのだろうか？

「最初にアドバイスするのは、赤ちゃんが産まれたら、夜にすぐにあやすのはやめてください、ということです。赤ちゃんにすぐに応じずに、赤ちゃんが自力で落ちつくチャンスを与えてやる。産まれたばかりのときから、そうするのです」

ビールのせいか、あるいはコーエン先生の鹿のような瞳のせいなのか、これを聞いた私は、少し頭がくらくらした。というのも、昼間に見かけるフランス人のママやナニー（保育のトレーニングを受けたプロフェッショナル。子どもに関わり、送迎や家事など仕事の幅が広く、住みこみの場合もある）が、少し待ってから赤ちゃんをあやしていることに、私も気づいていたからだ。でも、わざとそうしているとも、睡眠の戦略だとも、大切な意味があるとも、まったく思っていなかった。むしろ私は、迷惑だな、ぐらいに考えていたのだ。赤ちゃんを待たせることに、意味があるとは知らなかった。このことが、フランス人の赤ちゃんが早いうちから朝まで眠り、あまり泣かないことの説明になるの？

あやす前にちょっと待つ、というコーエン先生のアドバイスは、赤ちゃんを「観察する」

ことにつながっているような気がする。赤ちゃんが泣いたとたんに抱きあげてあやしては、「観察している」ことにはならない。

コーエン先生によると、「ちょっと待つ」はきわめて大切だ。ごく初期からそうすることで、赤ちゃんの眠りに大きなちがいが出るという。著書には、「夜更けのぐずりにそれほど反応しない親の子どもは、眠るのが上手です。すぐに反応する親の子どもは、夜中に何度も起きて、親を困らせます」とある。コーエン先生が診察する赤ちゃんのほとんどは母乳育ちだ。母乳と粉ミルクのちがいが差をつけるわけではなさそうだ。

ちょっと待つ理由は、ひとつには、赤ちゃんは眠っている間に、たくさん動いたり雑音を出したりするから。これはまったく正常な行動だが、赤ちゃんがぐずるたびに抱きおこすと、そのせいで目を覚ますこともある。

ちょっと待つもうひとつの理由は、赤ちゃんには睡眠のサイクルがあり、その谷間に目を覚ますからだ。睡眠のサイクルは二時間。このサイクルをつなげる学習をしているうちは、泣くのがふつうだ。泣くたびに、親がお腹が空いたか苦しいのかと勝手に判断して、急いであやしてしまうと、赤ちゃんの、睡眠サイクルを自力でつなげる学習がさまたげられる。赤ちゃんに必要なのは、サイクルが終わるころに大人にあやしてもらい、眠りに戻るのを手つだってもらうことだ。

新生児は通常、自分で睡眠のサイクルをつなげることができない。生後二～三か月になり、学習するチャンスがあれば、自分でできるようになる。コーエン先生によれば、睡眠サイクルをつなげることは、自転車に乗る練習に似ている。一回でも自力で眠りに戻ることができれば、次はもっと楽にできるようになる（大人も睡眠サイクルの谷間に起きているのだが、たいていの人は覚えていない。次のサイクルに自然に入ることを学習しているからだ）。

コーエン先生によると、赤ちゃんは、夜にミルクをほしがったり、抱きあげてほしがったりすることもある。でも、ちょっと待って観察してからでないと、本当に必要かどうかはわからない。

「もちろん、赤ちゃんが強く要求するときは、ミルクを与えるべきです。泣かせっぱなしにしろと言うのではなく、赤ちゃんに学習するチャンスを与えてほしいのです」

このテクニックを聞いたのは、初めてではない。英語で書かれた睡眠ガイドにも、似たような記述があった。でも、たいていは、ほかのいろいろなアドバイスにまじって書かれているので、ビーンに一、二度試したことはあっても、確信を持って実践したわけではない。それがもっとも重要で、守るべき手順だなんて、今までだれも明言してくれなかったのだ。

コーエン先生のみごとな解説のおかげで、フランス人の親が、赤ちゃんを長時間泣かせっぱなしにしたことがないと主張する謎が解けた。最初の二か月間、赤ちゃんに「ちょっと待つ」を実践すれば、赤ちゃんは、自分で眠りに戻ることを自然に覚えてくれる。すると、のちに親が「泣かせっぱなし」にする必要はなくなるわけだ。

「ちょっと待つ」には、睡眠トレーニングのような残忍さはない。むしろ、眠りかたを教えてあげる感覚だ。でも、そのチャンスがある期間は、かなり短い。コーエン先生によると、赤ちゃんが四か月になるまでに始めないと、悪い睡眠が習慣づいてしまうそうだ。

＊＊＊

パリに戻ると、さっそく私は、フランス人のママたちに「ちょっと待つ」かをたずねてみた。すると、ひとり残らず、ええもちろん、と言った。あたりまえすぎて、わざわざ言うことではないと思っていたそうだ。生後数週間のときから始めた人が大半だった。

病院にいるときから娘が一晩中眠っていたアレクサンドラはもちろん、赤ちゃんが泣いてもあわててあやさなかった。抱きあげるまで五分、一〇分待つこともあった。睡眠サイクルの谷間なのでまた眠ろうとしているのか、空腹とかオムツが汚れたとかの要求があるのか、たんに不安なのかを、見極めるためだ。

アレクサンドラは優しくて温厚な人だ。新生児を無視したのではない。むしろその反対で、注意深く観察していたのだ。泣く赤ちゃんは、なにかを訴えたいのだと考え、ひと呼吸おいて、観察し、耳をすませた（アレクサンドラは、ちょっと待つもうひとつの理由を教えてくれた。「忍耐を教えるため」だ）。

フランス人の親は、「ちょっと待つ」という戦略に特別な名称をつけていない（アメリカ人はなんでも名前をつけたがる）。あたりまえすぎる常識なのだ。だれもが実践していて、大切だと考えている。なんてシンプルな方法。フランスでは、今後だれかしら立派な天才がスリリングな睡眠メソッドをあみだすことはないだろう。競合するテクニックを使わなくても、本当に効果のあるたったひとつの方法に集中すればいいのだから。

生後六か月になるまで息子に二時間おきに授乳していたアリソンのことを思いだした。彼女は赤ちゃんに、おかしな睡眠のくせを教えてしまっただけではなく、無意識のうちに、二時間の睡眠サイクルごとに食事を求めることを学習させてしまったのだ。アリソンは、息子の要求に応《こた》えているつもりだった。よかれと思ってしたことが、かえって要求を増やしてしまったわけだ。献身的な母による自己犠牲が、大きな勘ちがいに思えてきた。

フランスで、アリソンのような事例を聞いたことがない。フランス人は「ちょっと待つ」のが夜泣きのナンバーワンの解決法であり、わずか生後数週間の赤ちゃんに実行してよいと考えているのだ。

『*Maman!*』誌の記事によると、最初の半年間は、赤ちゃんの五〇〜六〇パーセントの睡眠は「浅い眠り」である。この状態のとき、眠っている赤ちゃんが突然あくびをしたり、伸びをしたり、まばたきをすることさえある。「呼ばれていると思って手を出すのはまちがいです。抱きおこすと、赤ちゃんの眠る訓練を脱線させてしまいます」

「ちょっと待つ」は、フランスの親の常識というだけではなく、専門的に見ても欠かせない要因だ。私は、睡眠博士のエレーヌ・ド・ルーフスニデールを訪ねた。『*L'enfant et son sommeil*（子どもと睡眠）』という著書がある、パリの有名な小児科医だ。すると、さっそく「ちょっと待つ」の話が始まった。

「赤ちゃんは眠っているときに、眼球を動かしたり、雑音を立てたり、指を吸ったり、わずかにからだを動かしたりします。でも、実際には眠っているのです。だから、しょっちゅう手を出して、邪魔をしてはいけません。赤ちゃんの眠りかたを、親も学ぶ必要があります」

「赤ちゃんが起きたときは、どうするんですか」

「完全に目を覚ませば、もちろん、抱きあげてください」

フランス人の親は、「ちょっと待つ」を、理由をきちんと知ったうえで実践している。いったんこの話題にふみこむと、みんな、睡眠周期や、概日リズム、レム睡眠といった単語を口にすることがわかった。赤ちゃんが夜泣きをする理由が、睡眠サイクルの谷間にいるか、浅い眠りだと知ったうえで、赤ちゃんを「観察」しながら、眠りの谷間を見分ける訓練をしているのだ。

英米人の親と睡眠の話をすると、科学的な内容はほとんど出てこない。効果のありそうな睡眠法がたくさん提示されるなかで、どれかひとつを好みで選んでいる感じだ。

フランス人の親は「ちょっと待つ」ときに、ゆるぎない自信と確信を持っている。赤ちゃんの眠りをじゅうぶん理解したうえでの決断なのだ。

その背景には、重要な哲学がある。フランス人の親は、上手な眠りかたを赤ちゃんに優しく教えてあげるのが、親の仕事だと信じているのだ。それはたとえば、もう少し大きくなってから、手あらいや歯みがきを教えるとか、バランスよく食べることや自転車の乗りかたを教えることと同じなのだ。フランス人の親は、生後八か月の赤ちゃんにつきあって夜中に何時間も起きているのが親の献身的な愛情だとは思わない。むしろ、赤ちゃんの睡眠に問題があり、家族のバランスが激しく崩れている証拠と見なす。フランス人の女性にアリソンの事例を話すと、「ありえない」という反応が返ってきた。子どもにとっても母親にとっても、ありえないことなのだ。

フランス人も、私たちと同じように、自分の赤ちゃんを美しく特別な存在だと思っている。でも、赤ちゃんの行動には、生物学的な現象が含まれることも理解している。幼いから眠らなくてもしかたがない、と思う前に、科学に目を向けるべきなのだ。

「ちょっと待つ」を解明して、勢いづいた私は、赤ちゃんと睡眠についての科学的文献を調べることにした。大半は、英語で出版された刊行物だ。その結果は衝撃的だった。英米人の親は「赤ちゃん睡眠戦争」をしているにもかかわらず、英米人の睡眠研究者はそうではなかった。子どもを眠らせるための最良の方法について、研究者たちの意見はほとんど一致している。まるでフランス人のようなことを推奨しているのだ。

睡眠研究者は、フランス人の親と同じく、ごく早い時期から赤ちゃんに眠りかたを教えるために親が積極的に関わるべきだとしている。健康的な赤ちゃんなら、生後わずか数週間で、「泣かせっぱなし」にしなくても朝まで眠ることを教えられるという。

睡眠についての論文を大量に集めて理論分析したレポート[*7]によると、結論として、非常に大切なのは「親の教育／予防」だ。たとえば、妊婦や新生児の親に睡眠の科学的なしくみを教えて、睡眠の基本的なルールを学ばせること。親は、赤ちゃんの誕生直後もしくは生後数週間から、ルールに従うべきだという。

では、「ルール」とはなにか？ このレポート[*8]の著者たちが、例として挙げている論文の実験が参考になるだろう。実験では、母乳で育てる予定の妊婦をふたつのグループに分け、一方のグループの母親たちに二ページのパンフレットを配る。パンフレットには、夜には、赤ちゃんを眠らせるために抱きしめたりゆすったりあやしたりをしないでください、という指示がある。赤ちゃんに、昼間と夜のちがいを学ばせるためだ。そして、生後一週間の赤ちゃんには、真夜中から午前五時までの間に泣いたときは、親は、赤ちゃんを布で巻いたり、軽く叩いたり、オムツを替えたり、抱っこして歩いたりしていいけれど、授乳に関しては、それでも泣きやまないときだけにしてください、という追加の指示があった。また、母親は生後すぐから、赤ちゃんが泣いているのか、睡眠中にむずかっているのかを識別してください、という指示もある。つまり、騒いでいる赤ちゃんを抱きあげる前に、ちょっと待って、本当に起きたのかを確認せよということだ。こういった指示についての科学的な根拠についても説明されている。もう一方のグループの母親たちは、なんの指示も受けなかった。

結果は明らかだった。誕生から生後三週間まではどちらのグループの赤ちゃんもほとんど同じ睡眠パターン。しかし生後四週間では指示を受けたグループの赤ちゃんの三八パーセントが朝まで眠りつづけたのに対し、受けなかったグループでは七パーセントだった。

「この実験の結果から、母乳による子育てと夜中に目を覚ますことに、かならずしも関連性がないことがわかる」

論文は、堂々とした結論でしめくくられていた。

また、レポートによると、睡眠時間が短いもしくは寝つきの悪い幼い子どもは、短気、攻撃的、多動、衝動の制御が弱い、などの特徴が見られ、学習や記憶に支障が出る可能性がある。事故に遭いやすく、代謝能力と免疫機能が弱く、全体的な生活の質が低くなる傾向にある。また、幼年期に始まった睡眠障害は、長年続く可能性がある。母乳の母親の実験では、指示を受けたグループの赤ちゃんは、のちの調査で、比較的心が安定し、予測がつきやすく、ぐずりが少ない、という結果が出た。

子どもの睡眠に問題があると、たとえば母親にうつ症状が出たり、家族機能が全体的に低くなったりと、ほかの家族にも影響があると指摘した論文が複数あった。反対に、赤ちゃんが上手に眠るようになると、両親の結婚生活が改善し、ストレスの少ない、よりよい親になったという結果だ。

もちろん、フランス人の赤ちゃんが、睡眠を教わる四か月の「チャンス」を逃すこともある。こうした場合、フランス人の専門家は一種の「泣かせっぱなし」のテクニックを推奨するのが一般的だ。

睡眠研究者も、これを疑問視していない。先ほどの分析レポートによると、子どもに「クライング・コントロール」をする場合、一気に放置するやりかたでも、段階を経て放置するやりかたでも、同じようにきわめて効果的であり、たいていは、わずか数日のうちに成功するという。「放置する場合のもっとも大きな障害は、親の一貫性の不足である」と、レポートに書かれていた。

トライベカのフランス人医師ミシェル・コーエンは、やや極端なやりかたを推奨している。夜にお風呂に入れたり歌を聞かせたりして、赤ちゃんをごきげんにさせる。そのあと、できれば赤ちゃんがまだ目を覚ましているうちに、妥当な時間にベッドに寝かせる。そして朝七時に迎えにいくのだ。

パリでは、赤ちゃんの泣かせっぱなしに、フランス流の応用を加えている。そのことに気づいたのは、ナニーのロランスに話を聞いてからだ。彼女は、モンパルナスでフランス人家族のために働くノルマンディー出身のナニーで、赤ちゃんのお世話歴は二〇年だ。ロランスは、赤ちゃんにクライング・コントロールを行う前に、これからすることを赤ちゃんに説明してあげるのがとても大切だという。

「夜に、赤ちゃんに話しかけるんです。『あなたが目を覚ましたら一度はおしゃぶりをあげるわ。でも、そのあとはもう起きない。今は眠る時間なの。ママは遠くに行ったりしないし、一度は、部屋に入って安心させてあげるわ。でも、夜中ずっと一緒じゃないわよ』、――と」

ロランスは、赤ちゃんがちゃんと夜をすごすために欠かせないのは、どんな月齢であれ、赤ちゃんがそうできると親が心から信じてあげることだという。

「親が信じなければ、うまくいきません。私はいつでも、子どもが、明日は今日よりも上手に寝てくれると思っています。たとえ、三時間後に起きてしまっても、いつも希望を持っています。あなたも、信じてあげてください」

フランス人の赤ちゃんなら、親や保育者の期待に応えてくれそうだ。私たちだって、期待どおりの眠りを手に入れられるかもしれない。その助けとなるのが、赤ちゃんにリズムがあると信じる心なのだ。

「ちょっと待つ」を実践したり、月齢の進んだ赤ちゃんにクライング・コントロールをしたりするときは、赤ちゃんが、学習する（この場合は眠りかたを）能力がありフラストレーションに対処できる人間だと信じることが必要だ。コーエン先生は、このフランス流の考えかたを親に取りいれてもらうのに時間がかかるという。生後四か月の赤ちゃんは夜中にお腹が空くのでは、というよくある質問について、コーエン先生は著書にこう書いている。「空腹は感じます。でも、食事は必要ありません。あなたも、夜中にお腹が空くことがあるはずです。でも、胃を休めるのがからだにいいと知っているから、食べないのです。赤ちゃんにとっても同じことですよ」

フランス人は、赤ちゃんが途方もない苦痛に耐えるべきとは思っていない。だけど、多少のフラストレーションで子どもがつぶれるとも思っていない。むしろ、子どもがより安定すると信じている。

フランス人にとって、小さな赤ちゃんに眠りかたを教えるのは、怠惰な親の私利的な戦略ではない。子どもにとって、自立と、ひとりの時間を楽しむための、最初の大切なレッスンなのだ。『*Maman!*』誌の、ある心理学者のコメントには、昼間にひとり遊びを学んでいる赤ちゃんは、生後二〜三か月で夜にベッドにひとりでいても不安を感じにくい、とあった。

ド・ルーフスニデールは、赤ちゃんでさえプライバシーが必要だと著書に書いている。

「小さな赤ちゃんは、ゆりかごのなかで学んでいます。自分がときどきはお腹も空かさずのども渇かず眠らずにただ静かに起きていられることを。ごく幼くても赤ちゃんにはひとりの時間が必要です。母親に見守られることなく、眠ったり起きたりすべきなのです」

ド・ルーフスニデールはさらに、赤ちゃんが眠っている間に母親がすべきことについてもページを割いている。

「赤ちゃんのことを忘れて、自分のことを考えましょう。シャワーを浴びて、服を着て、自分の楽しみと、夫やほかの人のために美しくなりましょう。日が暮れたら、来たる夜と愛にそなえて、身支度をするのです」

そんな状況は、英米人の親には、映画のなかの出来事にしか思えない。サイモンも私も、当面はビーンの気まぐれに自分たちの生活を合わせてしかりだと考えていた。

フランス人は、それはだれのためにもならないと考える。眠りかたを学習するのは、その家族の一員になるための学びであり、家族のニーズに自分を合わせることでもあるのだ。

ド・ルーフスニデールは、私にこう言った。「赤ちゃんが夜中に一〇回も目を覚ませば、(母親は)翌日出勤できません。だから赤ちゃんに理解してもらいましょう。夜中に一〇回起きてはいけないのよ」と。

「赤ちゃんは理解するのですか?」。私はたずねた。

「もちろん、理解しますよ」と、ド・ルーフスニデール。

「どうやって理解するのですか？」
「なぜって、赤ちゃんはなんでも理解できるのよ」

＊＊＊

フランス人の親にとって、「ちょっと待つ」は不可欠だ。でも、それが万能薬だとは思っていない。根気よく愛情をこめて実践すれば赤ちゃんがぐっすり眠れるような知恵や方法を、ほかにもたくさん知っている。そのひとつとして、「ちょっと待つ」が効果をあげているのは、親が、小さな赤ちゃんは無力な生きものではないと信じているからだ。赤ちゃんは学習できる。赤ちゃんのゆっくりしたペースで学んでいけば、悪影響はない。逆に、そのことによって赤ちゃんに自信と落ちつきを与え、思いやりの心が育つと、親は信じている。そして、この信頼感を基点にして、互いを尊重しあう親子関係がはぐくまれる。そのことについては、のちにくわしく述べたいと思う。

それにしても、ビーンが産まれる前に知っておきたかった。朝まで眠れるテクニックをたやすく学習できる四か月のチャンスを、ビーンは確実に逃している。毎晩午前二時ごろに目を覚ますビーンは、生後九か月。私たちは覚悟を決めて、ビーンにクライング・コントロールを行うことにした。初日にビーンは一二分間泣いた（私もサイモンにしがみついて泣いた)。泣いたあと、ビーンは眠った。そして翌日の夜は五分間泣いた。

三日目の夜、サイモンと私は、静かな夜中の二時に目を覚ました。サイモンは、「ビーンは僕たちのために起きてくれてたんだ。今まで、僕たちの期待に応えていたんだよ」と言った。

そのあと、私たちは寝なおした。ビーンはそれ以来ずっと、ちゃんと「夜をすごして」いる。

第四章
お菓子づくりは教育の宝庫

フランスの生活にもずいぶん慣れてきた。ある日、やけに気が大きくなった私は、「私たち、国際エリート人の仲間入りをしたのね」と、サイモンに言いはなった。

「国際人だけど、エリートじゃないね」と、サイモンが応じた。

正直なところ、アメリカが恋しかった。フランス暮らしはずいぶん楽になったけれど、とけこんでいるとは言えない。子どもができて、フランス語が上手になったことで、あらためて自分が外国人であることを思いしらされる日々だ。

ビーンが朝まで眠るようになってまもなく、フランスの公立の低年齢児用保育所（クレイシュ）の初日がやってきた。入所の面接では、ビーンのおしゃぶり使用から、寝るときの姿勢にいたるまでのあらゆる質問をクリアした。予防接種の記録も、緊急連絡先の番号も準備した。なのに、あるひとつの質問につまずいてしまった。

「何時にミルクを飲みますか？」

赤ちゃんにいつ食事を与えるか。これもまた、英米人の親の議論の的である。「食事論争」と呼んでもいいだろう。決まった時間にあげるのがよいとするグループと、要求に応じて与えるグループに二分されている。

私たち夫婦は、ハイブリッド型へと流れていた。起きたときと寝る前にかならずミルクを飲ませ、朝と夜の間は、ビーンがお腹を空かせるたびに与える。サイモンは、哺乳瓶やおっぱいで解決できない問題はないと考えている。私たちは、ビーンを泣かせないために、手をつくしてきた。

わが家の食事システムについてクレイシュの担当者に説明しおえると、その女性が、けげんな顔をした。子どもが何時に食べるかを把握していないんですか？　さっそく解決するべき問題ですね。そう言った彼女は、あなたがたはパリに住んでいるけれど、食事をして眠ってウンチをする子どもを、外国流に育てていらっしゃいますね、とでも言いたそうな表情だった。

この反応から、この件でもやはりフランスでは論争がないのだと悟った。親は、子どもの食事の回数について悩まない。生後四か月ぐらいから、フランス人の赤ちゃんの大半は、食事の時間が決まっている。睡眠のテクニックと同様に、フランス人の親にとって、それがあたりまえなのだ。子育て教祖の命令でもなければ、子育て哲学の一環だとも思っていない。

さらに不思議なのは、フランス人の赤ちゃんが、だいたい同じ時間に食事をすることだ。わずかな差はあるものの、フランス人のママは、赤ちゃんの食事はだいたい午前八時、正午、午後四時、午後八時だと言っている。フランスで人気の高い子育てガイド『*Votre Enfant*（あなたの子ども）』には、生後四～五か月向けのサンプルメニューが一種類しか載っていない。同じものを与えつづけるのだ。

この国に、画一化された赤ちゃんの食事プランが存在するのは明らかなのに、不思議なことに、だれもそう認めない。フランス人の親に、赤ちゃんに食事を与える時間を決めているかとたずねると、ほぼ全員がノーと答える。睡眠と同じで、赤ちゃんの「リズム」に合わせているだけ、というのが彼らの言いぶんだ。フランス人の赤ちゃんは、食事時間がだいたいそろっていると指摘をしても、たんなる偶然だと肩をすくめる。

さらに謎なのは、フランス人の赤ちゃんが、次の食事まで四時間待てることだ。ビーンは、たとえ数分でも食事を待たされると不機嫌になる。大人だって不機嫌になるだろう。でも私は徐々に、フランスのあちこちでたくさんの「待つ」が存在することに気づきはじめた。まずは夜泣きの対処としての「ちょっと待つ」。フランス人の赤ちゃんは、目を覚ましてから待っている。そして赤ちゃんの食事プランでは、食事から次の食事まで長時間待つことになる。そしてもちろん、レストランではよちよち歩きの子どもが、料理が出るまでおとなしく待っている。

フランス人はみんな、赤ちゃんや幼児を待たせる魔法を使っているの？　しかも、ただ待つだけではない。楽しそうに待っている。この「待つ」というスキルが、フランスと英米人の子どものちがいの説明になるのだろうか？

そんな疑問を解き明かすべく、ウォルター・ミシェル博士にメールを送った。子どもの「満足の遅延」に関する高名な研究者である彼は、八〇歳にして、コロンビア大学の心理学部に籍を置いている。彼についてのあらゆる記事を読み、このトピックについての彼の膨大な数の論文のいくつかにも目をとおした私は、パリ在住でフランスの子育ての調査をしている者ですが、電話でお話しさせてもらえませんでしょうか、と依頼した。

ミシェル博士は二時間ほどで返信をくれた。おどろいたことに、彼もパリにいるという。コーヒーを飲みにいらっしゃいませんか？　とのこと。二日後、私たちは、パンテオンの丘のふもとのカルチェラタンにある、ミシェル博士のガールフレンドのアパートメントのキッチンテーブルについていた。

ミシェル博士のもっとも有名な功績が、スタンフォード大学で一九六〇年代に考案した「マシュマロ実験」である。被験者である四歳または五歳の子どもが、ひとりずつ部屋に入る。テーブルの上にはマシュマロがひとつ。実験者は子どもに、ちょっと部屋を出るからと伝え、戻ってくるまでマシュマロを食べずにいたら、ごほうびにマシュマロをふたつあげると告げる。部屋をはなれている間にマシュマロを食べてしまったら、子どもはマシュマロをひとつしかもらえない。

これは非常に過酷なテストだ。六五三人の子どものうち、実験者が外に出た一五分の間、マシュマロを食べずにがまんできたのは、三人にひとり。直後に食べてしまった子どももいたし、大半は三〇秒しか待てなかった。[*9]その後、一九八〇年代なかばに、ミシェル博士はこの実験に参加した子どもたちにふたたび会いに行った。待つのが上手だった子と下手だった子がティーンエイジャーになり、なんらかの差異があるかを確かめるためだ。ミシェル博士と共同研究者たちは、その相関関係におどろかされた。四歳のときマシュマロを食べるのをがまんした時間が長い子どもほど、あらゆるカテゴリーの評価で高い得点を出したのだ。待つのが上手な子は、とりわけ集中力と論理的思考に秀でていた。そして、ミシェル博士と共同研究者が一九八八年に発表した論文によると、そういった子どもは「ストレスを受けても、取り乱さない傾向にある」という。

「満足の遅延」、つまり、待たせてから楽しみを与える、というやりかたは、フランス人の親が実践していることだ。こうすることが、子どもの平常心と立ちなおる力をはぐくむのだろうか？　一方で、ほしいものをすぐにもらえることに概して慣れている英米人の子どもは、ストレスを受けると取り乱すのだろうか？　ここでもフランス人の親は、慣習的、そして本能的に、科学者が推奨するやりかたを選択しているの？

今すぐ満足したがるビーンは、一瞬でおだやかな状態から感情的な状態にひょう変する。イギリスやアメリカに旅行すると、幼児がみじめったらしく泣きさけぶ姿は、どこでも見かけるあたりまえの光景だ。先日、ロンドンのマズウェルヒル地区で、薬屋の前の歩道に身を投げだして、うつぶせに倒れたまま動こうとしない幼児を見かけた。通行人は、この不機嫌な幼児をよけながら歩いていた。

そういう光景には、パリではめったに遭遇しない。長く待つことに慣れているフランス人の赤ちゃんや幼児は、ほしいものがただちに手に入らなくても、不思議なほどに落ちついている。フランス人の家庭にお邪魔すると、子どもたちが、だだをこねたり泣いたりしないことに気づく。少なくとも、わが家よりははるかに多くの時間、全員がおだやかに、自分のやっていることに集中しているのだ。

フランスでは、小さな奇跡を日常的に目のあたりにする。幼い子どもが家にいても、大人たちがコーヒーをゆっくり飲みながら大人同士の会話をたっぷりと楽しんでいるのだ。そして、騒いだ子どもに「静かに」とか「やめなさい」と注意するかわりに、フランス人の親たちはたいてい、鋭い声で、「attend（待ちなさい）」と言う。ミシェル博士はマシュマロ実験をフランス人の子どもには行っていない（フランスならパン・オ・ショコラを使ってもいいかもしれない）。でも、長年フランスに親しんだ彼は、フランスとアメリカの子どものちがいにおどろかされる、と話す。

ミシェル博士によると、アメリカでは「子どもが自分を制御することがますますむずかしくなっている印象」で、自分の孫でさえ、ときどきそう思うそうだ。

「娘に電話をしたときに、子どもに呼ばれているから話せない、と言われるのが嫌なんですよ。[*10]『待ちなさい、おじいちゃまとお話し中なのよ』と、言えないんですね」

子どもが「待てる」家庭のほうが、楽しい時間がはるかに多いはずだ。ミシェル博士は、フランス人の子どもは「はるかに節度があり、私の子ども時代に近い育ちかたをしている」と話す。

「フランス人の友人となら小さい子どもがいてもフランス式のディナーができますよ……。フランス人の子どもなら行儀よく場をわきまえて静かにディナーを楽しみますから」

「楽しむ」が、ここでのキーワードだ。フランス人の親は、子どもを楽しみもなくただ服従させるのではない。子どもは、自分を制御できなければ、楽しめるわけがない、と考えているのだ。

フランス人の親が子どもに「sage（賢くしなさい）」と言うのを、よく耳にする。英語の「be good（いい子にしなさい）」に近い意味だが、それ以上の含蓄がある言葉だ。私はビーンに、だれかのお宅にお邪魔する前に「いい子にしなさい」と言っている。それはたとえば、野生動物を一時間だけおとなしくさせたいけれど、いつ野生に戻るかわからない、というニュアンスだ。子どもが本来は「いい子」の逆だといわんばかりに、私はこわごわそう告げていた。

ところが、「賢くしなさい」と言うと、「ふわさしい行動をしなさい」という意味合いが加わる。正しい判断をして、ほかの人のことを考えて行動しなさい、という意味にもなる。ビーンに状況の判断力と自制心があることを前提にした発言だ。ようするに、ビーンを信頼している、というニュアンスなのだ。

言っておくが、フランス人の子どもは陰気でも不気味なわけでもない。フランス人の子どもたちは、私の見る限り、たっぷりと楽しんでいる。週末になると、ビーンは友だちと叫んだり笑ったりしながら、公園で何時間も走りまわっている。クレイシュや学校の休憩時間はにぎやかだ。そのうえ、パリには、子ども向けの映画祭、観劇、クッキング教室など、静かに参加することが求められる、がまんと集中力が必要な楽しいイベントがたくさんある。フランス人の親は、子どもに豊かな経験をさせることを望み、芸術や音楽を体験させたがっている。

そういった体験を存分に吸収するためには、子どもに忍耐力が必要だ。いらだったり要求したりせず、自制しておとなしくその場にいられるから子どもは楽しめる、というのがフランス流の考えかたなのだ。

フランス人の親や保育者は、子どもの忍耐力が無限だとは考えていない。よちよち歩きの幼児に、クラシックコンサートや正餐会《せいさん》の間、ずっと座っていなさいとは言わない。「待つ」のは数分や数秒単位の話である。

でも、少し待てることが、大きなちがいを生む。私は、フランス人の子どもがほとんどぐずらず、かんしゃくを起こさない秘密は、フラストレーションに対処する精神力を鍛えているからだと確信している。子どもは、ほしいものがただちに手に入らないと知っている。フランス人の親が子どもの「教育」の話をするとき、その大部分は、いかにマシュマロをがまんすることを教えるか、ということなのだ。

ではフランス人は、どうやってふつうの子どもを待つことの達人に変えるのだろう？

私たち夫婦も、ビーンを待てる子に育てられる？

ミシェル博士は、マシュマロ実験に苦悶《くもん》する何百人もの四歳児たちのビデオをチェックした。そして発見したのが、待つのが苦手な子は、マシュマロだけに意識を集中していることだった。待つのが上手な子は、気をまぎらわせていた。

「楽に待つことができる子は、ひとりで歌をうたったり、自分の耳を変なふうに引っぱったり、つま先を動かして遊んだりができる子でした。気をまぎらわせる方法を知らない子は、ただじっとマシュマロを見つめて、ついには食べてしまうのです」[*11]

ミシェル博士は待つ意志の強さを決めるのは禁欲的かどうかではない、という結論を出した。フラストレーションを感じずに待つテクニックを知っているかどうかが大切なのだ。

「方法はいろいろありますが、もっとも直接的でシンプルな方法は……自分で気をまぎらわせることなのです」

親が子どもに「注意をそらせるテクニック」をわざわざ伝授する必要はない。ミシェル博士によると、子どもは、親が学習するチャンスを与えさえすれば、本能的にそのスキルを身につけるという。

「子育ての際に過小評価されることが多いのですが、ごく幼い子どもの認知能力はみごとなものです。それを使わせてやるチャンスを与えれば、の話ですが」

まさにこれは、私がフランス人の親に対して思っていることだ。子どもたちに、気をまぎらわせる方法をあれこれ教えることはしない。たいていは、子どもに、待つことを学習する機会をたくさん与えているだけだ。

曇天の土曜日の午後、私は通勤列車でパリの東の郊外、フォントネー＝スー＝ボワに向かい、友人に紹介してもらったある家庭を訪ねた。母親のマルティーヌは、三〇代なかばの美人弁護士。救急外来医の夫と、ふたりの子どもと共に、木立に囲まれたモダンな低層住宅に住んでいる。

小さな子どもがふたりいるにもかかわらず、マルティーヌの家はうらやましいほど静かだった。家に入ると、夫はリビングルームでノートパソコンを使い、そばで一歳のオーギュストが昼寝をしている。ショートカットにした三歳のポーレットは、キッチンテーブルのそばに座って、カップケーキのタネをカップに流しこんでいる。カップが満杯になると、カラフルなトッピングと生の赤いスグリの実をあしらった。

マルティーヌと私は、おしゃべりをするために、テーブルの反対側の端の席についた。でも私は、小さなポーレットとカップケーキから目がはなせなかった。ポーレットは完全に作業に集中している。タネを食べたい誘惑に、どうにか耐えている。作業が終わると、ポーレットは母親にスプーンをなめてもいいかとたずねた。

「だめよ。でも、トッピングは少しなら食べていいわよ」

マルティーヌはそう言って、小さじ数杯分のトッピングを、テーブルにふりだすようにうながした。

娘のビーンはポーレットと同じ年齢だが、こんな複雑な作業をひとりでやらせるなんて、考えたこともない。私ならビーンを監視するだろうし、ビーンは私の監視に耐えるはめになるだろう。相当のストレスがかかり、不機嫌な声も出るだろう（私と娘の両方から）。ビーンは私が目をはなすたびに、タネやベリーやトッピングをわしづかみにするだろう。もちろん、私が客と静かにおしゃべりをするなんて絶対に無理だ。

翌週も同じことをくりかえすなんて絶対にごめんだ。でも、フランスでは、お菓子づくりが週に一度の習慣になっているらしい。フランス人の家庭を週末に訪ねると、かならずといっていいほど、ケーキを焼いていたり、その日に焼いたケーキを出してくれたりする。はじめは来客のためだと思っていたけれど、ほどなく、私の訪問とは無関係だと知った。パリでは毎週末にお菓子を焼くのが、国民的行事なのだ。子どもがお座りができるようになった時点から、ママたちは、週に一度か二度のお菓子づくりのプロジェクトを始める。子どもは、小麦粉をふりいれ、バナナをマッシュするだけではない。卵を割って砂糖をカップに数杯入れ、怖《おそ》ろしいほど自信たっぷりにまぜる。ケーキを最初からすべてつくってしまうのだ。

フランスの子どものほとんどが最初に習うのが、ヨーグルトケーキだ。ヨーグルトの空の容器を使って、ほかの材料を計量する。軽くて甘すぎないので、ベリーやチョコチップをまぜたり、レモンやラム酒を数さじ加えたりができる。かんたんなので、失敗するほうがむずかしい。

お菓子づくりの作業で得られるのは、たくさんのケーキだけではない。お菓子づくりは、子どもが、自分を制御する術《すべ》を学ぶ時間でもある。きちんと計量したり材料を並べたりするため、忍耐力を学ぶ絶好のチャンスだ。だからフランス人の家庭では、オーブンから出したとたんにケーキにパクついたりしない（私ならそうする）。たいていは午前中か早めの午後に焼いて、待ってから、午後のおやつにケーキやマフィンを食べる。

信じられなかった。スナック菓子の袋をかばんに持ち歩き、ぐずってしかたがないときの応急処置に使わない世界があるなんて。

フランスでは、「グーテ（おやつ）」という時間が公式で唯一のおやつタイムだ。たいていは四時か四時半、子どもが学校から帰ってきたあと。ほかの食事時間と同じく、決まった時刻に定められ、どこの家庭の子どもでも食べている。

グーテの存在が、レストランで見かけたフランス人の子どもが行儀よく食べていた理由の説明になりそうだ。子どもがしょっちゅうおやつを食べないので、食事の時間にお腹が空くわけだ（大人はコーヒーを飲むけれどほとんどおやつを食べない。フランスに遊びに来た友人が、大人のスナック菓子を探すのに苦労すると言っていた）。

グーテの時間さえ、なんでもありではない。フランス人フードライターであるクロチルド・デュズリーエは「食べるケーキがあるのはすばらしいこと。でも、裏を返せば、母親は『それだけにしておきなさい』と言えるわけです。それは、子どもに制約を教える時間でもあるのです」と書いている。

三〇代前半のクロチルドは、子どものころに「ほとんど毎週末」に、母親とケーキを焼いていたそうだ。

フランス人の家族の食事が忍耐トレーニングの時間になるのは、食事時間と食事内容だけが理由ではない。だれとどのように食べるか、という要素もからんでくる。フランス人の子どもは、かなり幼いころからコース料理を食べることに慣れている。最低でも、前菜、メイン、デザートの皿があり、たいていは親といっしょに食事をするため、忍耐力のトレーニングをしやすいはずだ。ユニセフの調査によると、フランス人の一五歳の九〇パーセントが、一日のメインの食事を親といっしょに「週に数回」食べると答えている。アメリカとイギリスでは、およそ六七パーセントだ。

また、食事のときにあらゆるものを一度につめこんだりしない。ブルターニュ地方のレンヌと米オハイオ州の女性を調査したところ、フランスの女性は毎日、アメリカの女性の二倍以上の時間を食事にかけている。子どもにも、当然そのペースが受け継がれているはずだ。

マルティーヌの家のオーブンからカップケーキが出てきた。楽しいおやつの時間だ。ポーレットはうれしそうにふたつ食べた。でも、マルティーヌはひとつも手をつけない。カップケーキは「子どもが食べるもの」と自分に言いきかせて、がまんをしているようだ（私も同じと思いこんだのか、残念なことにケーキを勧めてくれなかった）。

これもまた、フランス人の親が子どもに待つことを教える方法だ。親が待っている姿を真似《まね》させるのだ。母親がカップケーキを食べない家で育った娘は、カップケーキを食べない大人になるだろう（私の母には長所がたくさんあるけれど、カップケーキはしょっちゅう食べる）。

マルティーヌは、娘にかんぺきを求めていない。ポーレットがときどきつまみ食いをしたりまちがったりすると予測している。ただし、私とはちがって、そういったミスに過剰に反応しない。ケーキづくりも待つことも、スキルを構築する練習だと考えているのだ。だから、がまんを教えるときのマルティーヌは、とても辛抱づよい。ポーレットが大人の会話に割って入ろうとすると、「二分だけ待ちなさい。ママはお話し中なのよ」とたしなめる。とてもていねいな口調で、きっぱりと。私は、マルティーヌの口調がとても優しかったこと、そして、娘がかならず従うと確信を持っていることに、感激してしまった。

マルティーヌは、子どもたちがごく小さいころから、忍耐を教えている。ポーレットが赤ちゃんのとき、泣くと五分待ってから抱きあげていた（もちろん、ポーレットは二か月半で夜をすごせるようになった）。彼女はほかのテクニックも伝授していた。ひとり遊びだ。

ひとりで遊べる子どもがそのスキルを発揮するのは、ママが電話中のときだ。フランス人のママが、英米人のママよりも、このスキルを積極的に育てようとしているのは明らかだ。アメリカとフランスの大卒の母親を対象にした調査によると、アメリカのママは、子どものひとり遊びの重要度を「並」と考えている一方で、フランスのママは、「非常に重要」と回答している。[*12]

ひとり遊びの能力に価値を置く親のほうが、子どもがひとりで機嫌よく遊んでいるときに、手を出さない傾向にあるはずだ。フランスのママは「子どものリズムを読みとるのが大切」と話す。つまり、子どもが遊んでいるときは、ひとりにしておく、ということだ。

ここでも、フランス人のママや保育者は、本能的に科学的な根拠にもとづく最良の選択をしている。ウォルター・ミシェル博士によると、生後一八～二四か月の子どもにとって最悪のシナリオは、「子どもが機嫌よくせっせと活動しているときに、ママがほうれん草を載せたフォークを持って近づくこと」だ。

「子どもが作業に集中してママを必要としないときに手を出すのが、だいなしにするママです。子どもがママを必要としているのに、そばにいないのもいけません。その二点は絶対に気をつけるべきです」

まさにそのとおりだ。保育の影響についてのアメリカ政府の大規模な研究[*13]によると、なにより重要なのは、母親や保育者の「感受性」、つまり、子どもが経験している世界にどれだけ「感度を合わせることができるか」である。「敏感な母親は、子どもの要求や機嫌、興味、能力を察知できる」と、調査員は述べている。

もちろん私たち英米人の親も、わが子に忍耐強くなってほしいと願っている。「忍耐は美徳」と信じているし、わが子に、分かち合いや順番待ち、テーブルセッティングやピアノの練習を勧める。でも、フランス人の親はどまでには、忍耐のスキルをこまめにみがこうとはしない。睡眠と同じで、辛抱づよいかどうかは、その子の個性だと思ってしまいがちだ。わが子が上手に待てるかどうかは、むしろ親の運次第だと。

フランス人の親や保育者にしてみれば、こんな重大な能力について、なすがままにまかせるなんて、信じられないことだ。彼らは、今すぐ要求をとおしたがる子を持てば、生活が耐えがたい試練になると考えている。

しばらくして私は、英米人の子どもをフランス人が評するときに、たいていが「n'importe quoi（好き勝手）」という表現を使うことに気がついた。子どもは、確固とした「線引き」がなく、親が権威を欠いており、どんなことでもまかりとおる。それは、フランス人の親が理想とし、口にする「cadre（枠組み）」の正反対だ。子どもたちは、厳密に定められた

「限度」、つまり枠組みを持っている。でも、制限された枠のなかでは、たっぷりと自由に行動できるのだ。

もちろん、英米人の親も子どもに限度を課している。でも、たいていの場合は、フランスのものとは基準がちがう。というよりも、フランスの人たちは、それを「限度」と見なしていない。ノルマンディー出身のナニーであるロランスは、アメリカ人の家庭では二度と仕事をしたくないと言う。ナニー友だちの何人かも、二度とごめんだと言っているそうだ。ロランスがたった数か月でアメリカ人家庭の仕事をやめたのは、「限度」の問題が大きかったそうだ。「とにかく好き勝手なので、大変でした。子どもは、やりたいときに、したいようにするのですから」とロランスは言う。

あなたには申し訳ないけれど、と断りつつも、これまで仕事をした経験では、フランスの家庭よりもアメリカの家庭のほうが、泣いたりぐずったりという場面がはるかに多いと話してくれた。

最後に仕事をしたアメリカ人家庭には、八歳、五歳、一歳半の三人の子どもがいた。五歳の娘は、泣くのが自分の仕事とばかりにしょっちゅう泣いていた。気がつくと、たちまち涙がこぼれていた。ロランスは、泣きぐせをひどくしないために、ほうっておくのが最良の策だと考えた。ところが娘の母親がいたため、しょっちゅうかけつけては、娘のあらゆる要求に応えようとした。

八歳の息子はさらにひどかった、とロランスは回想する。

「いつも、少しずつ要求を増やすんです。じりじりと。そして、エスカレートする要求に応じないと、今度は怒りだしました」

ロランスの結論はこうだ。

「そんな状況では、子どもはあまり幸せではありません。息子さんは少しとまどっていました。……厳格とはいかなくても、もう少し『枠組み』さえしっかりした家庭なら、あらゆることがはるかにやりやすいのに」

ロランスが限界に達したのは、そのアメリカ人の母親から、年長の二人の子どもにダイエットをさせてほしいと依頼されたときだ。ロランスは、バランスの取れた食事を与えたいからと断った。ところがある日、寝かしつけを終えて家を出たあとに、こともあろうに母親が、夜の八時半ごろ、子どもたちにクッキーとケーキを与えていることが判明したのだ。

これはあくまで一例にすぎない、と願っている。すべてのアメリカ人、英語圏の子どもが、このようにふるまうわけではない。それに、フランス人の子どもだって、たくさんの「好き勝手」をする（ビーンはお姉さんになってから、先生の真似をして、「したいことをなんでもしていいわけじゃないのよ」と、八か月の弟を厳しくたしなめていた）。

けれど実際に、わが家において、英米人[*14]の子どもがかなりの「好き勝手」をするのを目撃してきた。家族で遊びに来ると、大人は子どもを追いまわしたり世話をしたりで、ほとんどの時間を取られてしまう。「あと五年すればひとことぐらい会話ができるかしらね」と冗談を言ったのは、カリフォルニアから夫と七歳と四歳の娘を連れて遊びに来た友人だ。私たちは紅茶を一杯飲むだけで一時間かかった。

もちろん、子どもに限度を与えるというテクニックは、フランス人が発明したわけではない。多くの英米人の親や専門家もまた、限度をもうけるのが大切だと知っている。でも、アメリカ人やイギリス人の場合、子どもには自己主張が必要だという思いが、邪魔をしてしまうのだ。私には、ビーンがほしがるもの（水のかわりにりんごジュースを飲みたがり、五メートルおきにベビーカーからおりたがること）が変えることのできない根本的な要求に思えるときがある。すべてを認めるわけではない。でも、娘の衝動をくりかえし阻止するのはまちがっていないだろうか。悪影響があるのでは、とさえ思ってしまう。

ビーンが四皿のフルコースが終わるまで着席し、私の電話中に静かに遊んでいてくれるなんて、ちょっと想像できない。娘に自分がそれを望んでいるかさえ、よくわからなかった。ビーンに精神的なダメージはないの？　この子の自己表現を抑制してしまわない？　次世代のフェイスブックの創業者になる可能性をつぶしてしまわない？　そんなことが心配になり、ついビーンの要求に応えてしまう。

　でも、そう考えるのは私だけではない。ビーンの四歳の誕生日パーティのとき、英語を話す男の子の友だちが、ふたつの包みを抱えて家に入ってきた。ひとつはビーンへのプレゼント、もうひとつは自分のぶんだ。母親が言うには、息子が店で、自分へのプレゼントがないと騒いだそうだ。また、友人のナンシーは、親が子どもに絶対に「ノー」を言わない、という新しい子育てメソッドを教えてくれた。ノーを言わないのは、子どもにノーを真似させないためだという。

　フランスでは、「ノン」に関してそういったジレンマはない。「子どもにフラストレーションを教えるべき」というのが、フランス流の子育ての格言だ。私のお気に入りのフランスの子どもの本のシリーズ、『*Princesse Parfaite*（かんぺきなおひめさま）』には、主人公の女の子ゾーイが、母親をクレープの屋台へと引っぱっていく絵が描かれている。文章はこうだ。「クレープのおみせのまえをとおるとき、ゾーイはおおさわぎをしました。ゾーイは、ブラックベリージャムのクレープがたべたいのです。ママは、さっきランチをたべたばかりだからだめ、と言いました」

　次のページでは、タイトルの「かんぺきなおひめさま」らしいドレスを着たゾーイが、ベーカリーにいる。今度は、目をおおって、焼きたてのブリオッシュの山を見ないようにしていた。「賢く」ふるまっているのだ。「(ゾーイは) わかっているので、ゆうわくにまけないように、かおをそむけています」と書かれていた。

注目に値するのは、最初のシーンでは、ゾーイはほしいものが手に入らなくて泣いているのに、次のシーンでは、自分の気をまぎらわせながら、ほほえんでいるところだ。ここでのメッセージは、子どもはいつでもとっさに誘惑に屈してしまうものだが、「賢く」行動し、自分を制御したほうが幸せになれる、ということなのだ。

フランスの心理学者ディディエ・プリュは、著書『*Un Enfant Heureux*（幸福な子ども）』のなかで、子どもを幸せにする最良の方法は、フラストレーションを与えることだと述べている。

「遊びを禁じたり、抱きしめないというのではありません。もちろん、子どもの好み、リズム、個性を尊重すべきです。子どもは、ごく幼い年齢から、この世に自分以外の人がいること、そして、すべてのことにはふさわしい時があることを、学ぶべきなのです」

例の海辺の休暇旅行――フランス人の子どもがレストランで楽しそうに食事をしているのを目撃した――のとき、フランス人との意識のちがいにおどろかされたことがある。ビーンを連れて店に入ると、鮮やかな色とりどりのマリンストライプ柄のTシャツが、きちんと並べてあった。さっそくビーンは、重ねてあるTシャツを引っぱって、山を崩しはじめた。私が叱っても、なかなか手を止めなかった。

私にしてみれば、ビーンの行儀の悪さは、よちよち歩きの幼児であれば想定内だ。だから、販売員の女性が悪びれもせずに「子どもがこんなことをするのを、初めて見ました」

と言ったことに、びっくりしてしまった。私は謝罪して、店の出口へと向かった。

　ミシェル博士は、親が子どもに屈してしまうと危険な循環が始まる、と述べている。「子どもは、待ちなさいと注意されたときに、わめいたらママがやってきて待つことが終わるという経験をしてしまうと、たちまち待たないことを覚えてしまいます。待たずにわめいて、手を止めずにぐずることで、報われるわけですから」

　あるフランス人の心理学者は[*15]、子どもが気まぐれを起こしたとき（たとえば、母親と店に入り、突然おもちゃをねだったときなど）母親は、きわめて冷静な口調で、今日はおもちゃを買う約束はしていません、と優しく説明することを勧めている。そのあと、気まぐれを「回避」するために、子どもの注意をそらしてみるといいそうだ。たとえば、母親自身の身の上話を聞かせるのがお勧めだという（この心理学者によると「親の身の上話は、かならず子どもがおもしろがる」らしい。これを知ってから、危機のたびに私はサイモンに「あなたの身の上話をして！」と叫んでいる）。

　この心理学者は、やりとりの注意点として、母親が子どもと親密にコミュニケーションを取りつづけること、たとえば抱きしめたり、じっと目を見つめたりすることを挙げている。でも同時に、子どもに「即座になんでも手に入ることはない」と理解させる必要がある。「自分が万能で、なんでもできてなんでも手に入る、と思わせたまま放置しないことが重要」なのだ。

フランス人の親は、子どもにフラストレーションを与えるダメージを心配しない。反対に、フラストレーションに対処できなければ、子どもがダメージをこうむると考えている。フラストレーションに耐えることを、人生の核となるスキルだと見なしているのだ。

フランス人の視点では、ビーンがぐずるたびに要求を満たそうとする私は、なにも教えていないわけだ。フランス人の専門家や親は、子どもは「ノー」の言葉を聞くことで、自分の欲望という暴君から救われると考えている。パリでバイリンガルの診察をしている家庭心理学者キャロライン・トンプソンはこう述べている。「小さな子どもの要求や欲望は、基本的にきりがありません。それが基本概念です。親がそばにいるのは――だから子どもにフラストレーションが生じるわけですが――それ（プロセス）を止めるためなのです」

フランス人を母に、イギリス人を父に持つトンプソンは、子どもは、邪魔をされると親に腹を立てることがよくある、と指摘する。英語圏の親は、この怒りを、親がまちがったことをしたサインだと解釈しがちだ。でも、親は子どもを怒らせることを、悪い子育てだと勘ちがいしてはいけない。その逆なのだ。

「憎まれることに耐えられない親は、子どもにフラストレーションを与えません。すると子どもは、心のなかの暴君のえじきになりそうな状況になると、基本的に自分で対処するしかありません。親が自分を止めてくれなければ、子どもは自分で自分を止めるか止めないかを判断せざるをえません。そのほうが多くの不安が生じることになります」

トンプソンの意見には、フランス人の世論が反映されているように思える。子どもに制限を与えフラストレーションに対処させることで、より幸せな、立ちなおりの早い人間に育てる。そして、フラストレーションをおだやかに導入するために用いられている主流の方法が、「日常的に子どもを少しだけ待たせること」なのだ。夜泣きの戦略である「ちょっと待つ」と同じで、フランス人の親は、この一点だけに照準を合わせている。多数の重要な方法のうちのひとつではなく、それを基盤に子育てをしているのである。

フランス人の赤ちゃんの食事スケジュールがほぼ同じことに関しては、まだ謎が解けない。ママが同時に食べさせるつもりがないのに、なぜフランス人の赤ちゃんはみんな、同じ時間に食事をするの？　私がそう指摘すると、ママたちからは、リズムを大切にしているとか柔軟に対応しているとか、子どもによってちがうとか、相変わらずの説明しか返ってこない。

しばらくして、私は気がついた。わざわざ言う必要もないぐらい、あたりまえに行われている決まりごとがあることに。

その一。生後二か月ごろから、赤ちゃんは毎日、だいたい同じ時間に食事をさせる。

その二。赤ちゃんの食事は、少量をちょこちょこ与えるのではなく、一回の量を多くして、回数を少なくする。

その三。赤ちゃんは家族のリズムに合わせるべき。

この三点だ。

赤ちゃんにスケジュールを押しつけないのは事実だが、三つの決まりごとを守ることで、赤ちゃんを少しずつ誘導していたわけだ。前出の子育てガイド『*Votre Enfant*（あなたの子ども）』には、最初の二か月ほどは、ほしがったら母乳を与え、その後は赤ちゃんを「日常生活に応じた決まった時間に、徐々に調節しながら」慣らすのが理想だと書かれていた。

親がこの原則に従い、赤ちゃんが朝七時か八時に起き、赤ちゃんの食事の間隔を四時間空けることができれば、スケジュールどおりだ。朝に食事。正午ごろにまた食事。四時ごろに午後の食事をとったあと、夜八時にまた食事をして、就寝。午前一〇時半に泣いたら、親はランチタイムまで待って大量に与えるのが赤ちゃんのためだと考える。赤ちゃんがリズムになじむまでしばらくかかる。親は、急がずに徐々に慣らしていく。そして最終的には、赤ちゃんは、大人と同じような食事の時間に慣れてゆく。そして親もしかりだ。

マルティーヌの話では、最初の三か月ほどは、ポーレットの要求に応えて世話をしていた。生後三か月のころ、次の食事までの三時間を待たせるために、散歩に出かけたりスリングに入れたりすると、ポーレットはたちまち泣くのをやめた。間隔を四時間に延ばすときも、マルティーヌは同じようにした。子どもを長時間泣かせっぱなしにしたことは、一度もない。すると子どもに、自然に一日四回食べるリズムがついてきたそうだ。「適当にやっているうちに、そうなったの」と、彼女は言う。

ここでの大前提は、赤ちゃんに独自のリズムがあるように、家族にも親にもリズムがある、ということだ。フランスでは、そのバランスを探ることが理想とされている。『*Votre Enfant*』には、「親にも赤ちゃんにも、それぞれの権利があります。すべての決定は互いの歩みよりです」と説明されている。

ビーンのかかりつけの小児科医は、この一日四回の食事プランを私に教えてくれなかった。その医師は次の予約のときに出張中だったので、ビーンと同じ年齢の娘がいる若いフランス人の女性医師が、かわりに診察してくれた。この医師に食事の時間についてたずねてみると、「もちろん」ビーンの食事を一日四度にすべきだ、とのこと。そして付箋《ふせん》を取りだして、スケジュールを書いてくれた。やはり同じだ。朝、正午、午後四時、午後八時。のちに、かかりつけの小児科医に、どうして教えてくれなかったのかとたずねたところ、「英米人の親は杓子《しやくし》定規に守ろうとするので、言わないようにしている」とのことだった。

二週間ほどかかったけれど、ビーンの食事を、徐々にこの時間に合わせられるようになってきた。ビーンも待つことができる。少し練習が必要なだけだ。

＼　子どもでもかんたん　／

ヨーグルトケーキの作り方

【材 料】

プレーンヨーグルト（ひとり分サイズの容器、約175グラム）…２個
卵……………………………２個
砂糖…………………………プレーンヨーグルトの容器２杯分
（１杯分でも。甘さの加減は好みで）
バニラエッセンス……小さじ１杯
植物油………………………容器１杯分より少し少なく
薄力粉………………………容器４杯分
ベーキングパウダー…小さじ１杯半

1. オーブンを190度に予熱する。直径23センチメートルの丸型（またはミートローフ用の金型）に植物油（分量外）をなじませる。小分けにしてカップケーキにしてもよい。
2. ヨーグルト、卵、砂糖、バニラエッセンス、植物油を、優しくまぜあわせる（❶）。
3. べつのボウルで、薄力粉とベーキングパウダーをまぜる（❷）。
4. ❶のボウルに❷を加え、そっとかきまぜる。まぜすぎないこと。冷凍ベリーをプレーンヨーグルトの容器２杯分、チョコレートチップを容器１杯分など、好みのフレイバーを加えてもいい。
5. 型に流しこみ、オーブンで35分焼く。ナイフを入れてみて、まだならさらに５分焼く。できあがりは、外側はぱりっと、内側はふんわりしている。
6. オーブンから出して冷ます。紅茶といっしょに、クレームフレーシュ（注：サワークリームのようなもの）を落として食べるとおいしい。

第五章
保育所はすばらしい

アメリカに住む母に電話をして、ビーンが公立の保育所（アメリカでは「デイケア」と呼ぶ）に受けいれが決まったと報告すると、母は長い間黙りこくったあと、こう言った。

「デイケアに入れるの？」

故郷の友人たちも、いぶかしげな反応だった。

生後九か月（ビーンが入所するのと同じ月齢だ）の息子を持つマーケティングコンサルタントの友人は、「自分の子には、もう少し個別に対応してくれる環境を望むわ」と言った。

でも、フランス人のご近所たちに、ビーンが「クレイシュ」、つまり正規の公立保育所に入れたと報告すると、おめでとうの言葉とシャンパンで祝ってくれた。

アメリカで「デイケア」という単語から連想するのは、幼児性愛症者とか、汚れたうす暗い部屋で泣きわめく赤ちゃんのイメージだ。「もう少し個別に対応してくれる環境を望む」は、「私はあなたとちがって自分の子が大切だから、施設に閉じこめたくない」の婉曲《えんきょく》表現なのだ。アメリカの親で、お金に余裕がある人は、フルタイムのナニーを雇うのが一般的だ。その後、二歳か三歳になれば、プリスクールに行かせる。赤ちゃんを保育所に入れなければならない人は、警戒しながら、そしてたいていは、罪悪感にさいなまれながら預けている。

イギリス人のママは、そういったネガティブな連想を持たない。保育所は必要なものだと思っているし、施設には基準があるので、子どもを入れてもだいじょうぶなのだ。でも、イギリスの保育所の大半は私立だ。そして、子どもがせめて一歳になるまでは預けたがらない親が大半だ。

フランス人の保育所にかける情熱は、それとは比べものにならない。フランスの中流家庭の親（建築家、医者、ジャーナリストなど）は、こぞって、近所のクレイシュの空きを奪いあう。しかも、一日にちょっと二、三時間預けるわけではない。クレイシュは週に五日、たいていは朝八時から夜六時までやっている。ママたちは、妊娠中に申請し、それから一年かけて、入所するために、熱弁をふるったり言いくるめたり頭を下げたりする。月々の保育料には政府から助成金が出され、金額は、収入によって段階的に定められる。

「パーフェクトなシステムだと思うわ。とにかくかんぺきなの」と話すのは、友人のエステル。フランス人の弁護士で、娘を生後九か月からクレイシュに入れた。働いていないママでさえ、子どもをクレイシュに入所させたがる。フランスでは、第一希望からがくんと落ちるが、第二希望はナニーをシェアするか、自宅で三人までの子どもをみてくれる保育ママを使うことだ。これらも、税額控除をつうじて助成される。しゃれた政府のウェブサイトには、あらゆる保育システムが紹介されている。

私は、文化のちがいにめまいがした。保育所に入れたら、娘が乱暴になったり、ネグレクトされたり、ムラのある保育をされたりしない？　英語圏の記事で、そういう怖ろしい見だしを目にする。それとも、フランス人の親が絶賛するように、社会性が身につき、世話をされるのが上手になる?

初めて私がクレイシュについて耳にしたのは、妊娠していたときだった。教えてくれたのは、シカゴ出身で、大学を卒業してからずっとヨーロッパに住んでいる友人のディートリント。エネルギッシュで温厚な女性で、流暢なフランス語を話す。世界をよくするために実際に行動している数少ない知人のひとりだ。ディートリントは模範的な母親だ。だから彼女が、五歳と八歳の息子を、私の家のすぐ近くにあるクレイシュに入れていたと教えてくれたとき、興味を持った。ディートリントはクレイシュを絶賛している。何年も経つのに、今でも立ち寄って所長と担任の先生に挨拶するという。息子たちは今でも、楽しそうにクレイシュの思い出話をする。大好きな保育士に、散髪までしてもらっていたそうだ。

さらにディートリントは「私が所長に口ぞえしてあげるわよ」と申し出てくれた。さらにクレイシュは「おしゃれなところではない」とくりかえしもした。どういう意味だろう。私が、ブランドもののベビーサークルでも要求すると思っているの? 「おしゃれなところではない」は、「ひどい」の隠語なの?

自分の母には異文化に暮らす意地をみせて強気に出たけれど、本当のところ、母が疑う気持ちもわかる気がしていた。パリ市が運営しているなんて、なんだかうすきみ悪い。赤ちゃんを郵便局に預けるみたいな感覚だ。だれだかわからない役人たちが、ビーンの赤ちゃんかごのそばを行ったり来たりする映像が浮かんできた。どういう意味かはさておき、「おしゃれなところ」のほうが私には合っているのだろうか。それとも、自分でビーンを世話したほうがいいの？

残念なことに、それは無理だ。私は本を執筆中で、本当はビーンが産まれる前に完成させる予定だった。産後は二か月ほど休みを取ったけれど、もう（いったん延ばした）締めきりが迫っている。私たちはすでに、ナニーを雇っていた。かわいらしいアデリンは、フィリピン出身だ。朝にやってきて、ビーンを一日世話してくれる。問題は、私が在宅で、部屋の一角をオフィスにして仕事をしていること。ついつい、ふたりの様子を、細かいところまで監視したくなる（これは、全員にとってストレスだ）。

それに、ディートリントのおかげで、私たちにも「入り口」があることがわかった。私はこの国の行事にシンクロしていないことに、慣れっこになっていた。家から出て店が閉まっているのを見て初めて、祭日だとわかることもある。ビーンがクレイシュに入れば、もっとフランスとつながることができそうだ。

それに、クレイシュの便利さにはそそられる。家の通りをはさんだ向かいにも、クレイシュがあるのだ。ディートリントの息子たちが通っていたクレイシュまでは、歩いて五分だ。

なによりも、フランス人の知人がこぞって勧めるので、ノーと言いづらかった（喫煙を勧められなくて助かった）。近所のアンヌをはじめとするフランス人のママたちは、クレイシュはすばらしいと口をそろえた。たとえ申請しても、実際に入所できる可能性は低いとわかり、役所に出かけて申しこんでみることにした。クレイシュに入るための競争は、「し烈」だ。パリの二〇区それぞれの役人と所長が招集され、募集人数を決定する。裕福な一六区は、五〇〇人の枠に四〇〇〇人の申請者がいた。私たちの住む、それほど高級ではないパリ東部のエリアでは、三人にひとりの確率だ。

クレイシュの争奪戦は、現代の子育ての通過儀礼のひとつだ。パリの女性は、妊娠六か月になると、役所に正式な申請ができる。でも雑誌では、妊娠判定テストで陽性が出たらただちに、希望するクレイシュの所長との面会スケジュールを立てることを推奨している。

優先されるのは、ひとり親、多胎出産、養子、三人以上の子どもがいる家庭と、「なんらかの困難な事情」がある家庭だ。この最後のあいまいな条件におさまるための、すさまじい憶測が、ネットのフォーラムで話題になっていた。

サイモンと私は、独自の切り口で攻めることにした。外国人であることだ。クレイシュの申請書に手紙を添え、ビーンが多言語をあやつりはじめていることをほめそやし（実際はまだしゃべれないのに）、娘のような英米人の影響でクレイシュがより豊かになる、と主張した。約束どおりディートリントが、息子たちが通っていたクレイシュの所長に口ぞえしてくれた。私はその女性に面会し、必要性とビーンの魅力の両方を伝えようとがんばった。月に一度役所に電話をかけ（たいていのフランス人夫婦と同様に、クレイシュへの打診のほとんどは、妻である私が担当した）、私たち夫婦が「多大な興味を持ち、大いに必要としている」ことを再三訴えた。

この、じわじわと攻める作戦が功を奏した。役所から、九月中旬よりクレイシュに入所できるという祝福の手紙が届いた。ビーンはそのころ、九か月になっている。私は勝ちほこった気分でサイモンに電話をかけた。外国人である私たちが、アウェイの試合に勝った！　夫婦でこの勝利におどろき、舞いあがった。でも同時に、自分たちにふさわしくない賞を受けたような気分だった。しかも、本当にそれがほしかったという確信さえない。

もちろんフランス人のママだって、初めて子どもをクレイシュに預けに行くのはつらいはずだ。でもそれは自分側の問題、つまり母子分離の問題なのだととらえている。「フランス人の親は、子どもをクレイシュに預けることを怖れていません」と話すのは、フランスの労働省所属の社会学者、マリー・ウィーランクだ。

「逆に、クレイシュに入れなければ子どもが大切なことを逃すのでは、と心配をします」

子どもはクレイシュで読みかたを習わない。ここでは文字を教えてくれないし、読み書きの準備のような勉強もない。やることは、ほかの子どもたちとの交流だ。アメリカでも、それが保育施設の利点だと言う親はいる。しかしフランスでは、親の全員がそう考えている。「社会生活の入り口なの、とてもいいと思うわ」と話すのは、弁護士の友人エステル。エステルの娘は生後九か月からクレイシュに入った。

エンジニアのエレーヌは、一番下の娘が産まれてから二年ほど働いていなかったが、小さな娘を週に五日クレイシュに連れていくことに、まったく罪悪感がなかった。エレーヌがひとりの時間を持てるというのもあるし、なによりも、娘に共同生活を体験させるチャンスを逃したくなかったからだ。

ビーンを初めてクレイシュに連れていく日になっても、私はまだ疑問を持っていた。クレイシュは、通りの行き止まりにあるコンクリート造りの三階建ての建物で、人工芝の小さな前庭がある。アメリカの公立学校を小さくしたような雰囲気だ。子ども用家具のいくつかは、〈イケア〉のカタログで見たことがある。「おしゃれ」ではないけれど、明るくて清潔だ。

子どもは年齢別に「スモール」「ミディアム」「ラージ」にセクション分けされる。ビーンのクラスは日あたりのよい部屋にあり、おもちゃのキッチンと小さな家具、年齢に合ったおもちゃがぎっしり入った戸棚があった。隣接する部屋がガラスばりの昼寝スペースになっており、ひとり一台のベッドには、各自のおしゃぶりと、〈ドゥドゥ（いっしょに寝るぬいぐるみ。フランスの子どもの必須《ひっす》アイテム）〉が置いてある。

ビーンのクラスの主任保育士であるアンヌ＝マリー先生が、私たちを出迎えてくれた。

ディートリントの息子たちの散髪をしたのが、この人だ。金髪のショートヘアの、孫のいる六〇代の女性で、担任した子どもが旅行のおみやげにくれたプリントTシャツを着まわしている（のちに私は、ブルックリンのTシャツをプレゼントした）。クレイシュの雇用者たちの平均勤続年数は一三年。アンヌ＝マリー先生のキャリアはそれよりはるかに長い。彼女と、ほかの保育士の多くは、子どもをケアする保育補助士のトレーニングを受けている。

　小児科医と心理士が定期的にクレイシュを訪問する。保育士は毎日、ビーンのお昼寝と排泄《はいせつ》を記録し、食事の様子について私に報告してくれる。ビーンの年齢の子どもたちは、いっせいに食事をとる。食事中は子どもたちを、膝《ひざ》の上かバウンサーに乗せる。毎日ほぼ同じ時間に子どもを寝かしつけ、起きださないように見守る。最初の慣らし期間に、アンヌ＝マリー先生に、ビーンのお昼寝に使いたいので、ママの着ているシャツを一枚持ってきてください、と言われた。ちょっと子犬みたいだと思ったが、そのとおりにした。

　私は、アンヌ＝マリー先生をはじめとする保育士たちの自信に満ちた態度に、おどろかされてしまった。どの年齢の子どもになにが必要かを、きちんとわかっていることに加えて、それを提供する能力に自信を持っている。自慢するでもなく、いらだちもせずに、そんな雰囲気をかもしだしているのだ。

　ビーンをクレイシュに入れることに、サイモンも私も懐疑的だったので、一週間に四日、九時半から三時半まで預けることで折りあいをつけた。同じクラスの子どもの多くは、週に五日、もっと長い時間預けられている（クレイシュは朝七時半から午後六時まで）。

二週間は慣らし保育期間で、少しずつクレイシュでの時間を延ばしていく。最初は親といっしょにすごし、徐々に親から引きはなす。私が帰ろうとするとビーンは毎回泣いたが、アンヌ＝マリー先生が、ママがいなくなればすぐにおさまりますから、と安心させてくれた。たいていは、保育士のひとりが、通りに面した窓辺でビーンを抱きあげてくれたので、外に出てから手を振ってあげることができた。

クレイシュが、ビーンに悪影響を与えているようには見えなかった。すぐにビーンは、預けるときにごきげんになり、迎えに行くとよろこんだ。しばらくして私は、クレイシュはフランス人の子育ての縮図なのだと気がついた。いいことだけではない。アンヌ＝マリー先生をはじめとする保育士は、九か月になってもビーンに授乳していること、とりわけ、授乳を前提に食事を与えていることにとまどっていた。短い期間だったが、毎日私がランチの前に、しぼった母乳を届けることに対して、よろこびはしないけれど止めもしなかった。

フランス人の子育てのよいところも、はっきりと見えてきた。そもそもの子育ての方法論がほぼ一致しているため、保育士が家庭での育てかた[*16]（少なくとも、目標とする姿）を強化している、という感じだ。クレイシュでは、子どもでもきちんと理解できる、というゆるぎない確信のもとに、たとえ年少の子どもにでも、しょっちゅう話しかけていた。

　また、例の「枠組み」の話題がしょっちゅう出てきた。保護者会では、先生のひとりが理想を語るような口調でこう言った。

「ここでは、あらゆることに、しっかりとした枠組みが定められています。たとえば、登園時間、帰る時間がそうです。そして、枠組みのなかでは、柔軟性、流動性、自発性を心がけています。子どもたちに対しても、（保育にあたる）チームに対してもそうです」

　ビーンはクレイシュの一日の多くの時間を、部屋を歩きまわったり、好きな遊びをしたりしてすごす。私はそのことが気がかりだった。音楽遊びは？　決まった活動はないの？　でもすぐに、こうした自由時間が意図されたものであることに気がついた。これもまた、フランス流の「枠組み」モデルだ。子どもには、はっきりした限度がもうけられるが、そのなかではたっぷりと自由が与えられるというわけだ。「子どもは遊びながら、自分を形成するのです」と、説明するのは、年長組に進級したビーンの担任の保育士のひとり、シルヴィ先生だ。

　パリのクレイシュに関する市長の報告書に、クレイシュは「エネルギッシュな発見」を呼び覚ます場所であり、そのなかで子どもたちは、「筋肉や感覚、物理的な空間を用いて、五感を心のままにたっぷりと試すことができる」とある。年齢が上がると決まった活動もあるけれど、参加は義務ではない。

「誘いますが、無理強いはしません」と、ビーンの担任のひとりは言う。昼寝を誘う静かな音楽が流れ、ベッドで読むための本もたくさんある。子どもたちが次第に目を覚ますと、今度は午後のおやつの時間だ。クレイシュは、郵便ポストではなかった。おいしい食事までついたスパでの休暇といったところだ。

運動場では、決まりごとやプログラムはもうけられていないが、これも意図的だ。子どもにできる限りの自由を与えるためだ。ビーンの担任保育士のひとり、メリー先生は「外遊びのときは、あまり手を出しません。しょっちゅう介入すると、子どもたちが不機嫌になるんです」と、話す。

クレイシュでは、子どもにがまんも教えている。私が見ていたとき、二歳の子がメリー先生に抱っこをねだった。でもメリー先生は、ランチが終わったばかりのテーブルを片づけていた。メリー先生は女の子に「今は手が空かないのよ。ちょっとだけ待ってね」と優しく伝えてから、私にこう説明した。

「私たちは、子どもたちに待つことを教えます。とても大切なことです。なにもかもがすぐに手に入るわけではないのです」

保育士は子どもに、「権利」という言葉を使いながら、おだやかに礼儀正しく話しかける。「あなたには〜をする権利があります」「あなたには〜をする権利がありません」と。これまで見てきたフランス人の親と同じ、確信を持ったきっぱりした口調だ。「枠組み」を守るために、ルールは徹底しているべきだ、とだれもが信じている。「禁止事項はいつも同じです。そして、その理由をいつも説明します」と、シルヴィ先生が話してくれた。

クレイシュには厳しいルールがいくつかある。それを知ったのは、ビーンが覚えてきた言葉を家で使うからだ。クレイシュの言葉だとわかるのは、ビーンにとって、フランス語の発信源は、保育士だけだから。いわば、ビーンが盗聴器をつけて一日すごし、私たちがテープを再生しているようなもの。ビーンが真似するフレーズの大半は、命令口調だ。たとえば「On va pas crier!（叫んではいけません！）」。語呂的に私が気に入って、すぐに家で使いはじめたのは「Couche-toi!（寝なさい）」「Mouche-toi!（鼻をかみなさい）」。子どもの顔にティッシュを近づけながら、こう言うのだ。ビーンはしばらくの間、命令調または許可の有無を示すフランス語しか話さなかった。家で先生ごっこをするときには、椅子の上に立ち、指をふりかざして、声高に指示をした。目の前に子どもがいるつもりで遊んでいるときもあれば、ランチに招待したお客さんにこれをやって、おどろかれることもあった。

なによりも感心したのは、クレイシュの食事だ。なんと、コース料理が体験できるのだ。クレイシュでは毎週月曜日に、今週のメニューを入り口近くの大きなホワイトボードに掲示してくれる。

私はときどき、このメニューを撮影して、母にメールで送っていた。これがまるで、パリのカジュアルレストランの黒板メニューみたいなのだ。ランチは毎日、四皿のコース料理だ。生野菜から始まり、メインディッシュに穀物か加熱した野菜が添えられ、日がわりのチーズ、デザートはフルーツかフルーツピューレだ。年齢別に少しずつ形状がちがっており、最年少のグループは、同じ内容で裏ごししたものを食べる。

典型的なランチは、前菜にパームハート（ヤシの木の芯《しん》）とトマトサラダ、メインはバジル風味の七面鳥のスライスにクリームソース味のライス添え。三皿目はサンネクテールチーズに焼きたてバゲットがひと切れ。デザートはキウイだ。

週に数回、旬《しゅん》の新鮮な、ときにはオーガニックの食材が、小型トラックで届けられる。缶詰のトマトピューレを使うことはあるが、すべて、加工や調理ずみではない食材だ。冷凍野菜もあるけれど調理ずみではない。こういった食材を使って、専属の調理師が、いちからランチを料理する。

こんな食事なのに、最後まで二歳児が着席している姿が想像できないので、水曜日のある日、ビーンが自宅でベビーシッターとすごしている間に、私はクレイシュのランチに同席させてもらった。自分の娘が毎日のように、こんなふうにランチを食べていることにおどろいてしまった。メモ帳を片手に静かに座っていると、ビーンのクラスメイトが四人ずつのグループになり、子どもサイズの四角いテーブルに着席する。担任の保育士のひとりが、ふたつきの皿と、鮮度を保つためにビニールに包んだパンを載せたカートを引いてきた。各テーブルに大人がひとりついている。

まず先生がふたを取り、それぞれの皿を見せる。ビネグレットソースで和《あ》えた鮮やかな赤のトマトサラダ。副菜の豆とにんじんとたまねぎのトマトソース添え。「次は魚料理です」と、先生が満足そうに皿を見つめながら、ぱりっと焼いた白身魚に軽くバターソースをかけた料理のふたを取った。次はチーズの皿だ。「今日はブルーチーズです」と、子どもたちに、ぽろぽろしたブルーチーズを見せている。デザートは、丸いままのりんご。先生がテーブルで切りわけてくれるのだ。

シンプルで新鮮でおいしそうな料理。子どもたちは、よろこんで食べている。皿がメラミン樹脂製で、料理がひと口サイズで、「merci（ありがとう）」を言いなさい、と注意されている子どもがいることをのぞけば、高級レストランにいるような気分だ。

ビーンの世話をしている人たちは、いったい何者なの？　それを明らかにするために、風の強い秋の朝、私は、クレイシュで働くための訓練学校のひとつ「ABCピュエリキュルチュール（保育・育児の意味）」の年に一度の入学試験の会場にやってきた。何百人もの緊張した二〇代の女性（男性もわずかにいる）が、もじもじと顔を見合わせたり、ぶあつい参考書で最後の確認をしたりしている。

神経質になるのは、もっともだ。年に一度の入学試験を受ける五〇〇人以上のうち、訓練学校に入学できるのは、わずか三〇人。受験者は、論理的思考力、読解力、数学、人間生物学のテストを受け、二次試験に進むと、心理テストと口述試験、さらに専門家陣からの質問が待ちうける。

三〇人の合格者は、政府が定めるカリキュラムに従って、一年間の講義とインターンシップに進む。そこで子どもの栄養学と睡眠と衛生学の基礎を学び、粉ミルクの調合のしかた、オムツの替えかたを練習する。加えて、保育にたずさわる仕事をしている限り、一年ごとに一週間の追加研修を受けることになる。

フランスでは、クレイシュで働くことは立派なキャリアだ。全国に、同じように厳しい入学基準を持つ学校があり、スキルにたけた有資格者を生みだしている。クレイシュで保育にたずさわる職員の半数以上に保育補助士もしくは同等の資格が義務づけられ、四分の一に健康、レジャー、社会福祉関連の学位が求められる。残りの四分の一は資格を免除されるが、[*17]組織内のトレーニングが必須だ。ビーンのクレイシュでは、一六人のうち一三人が、保育補助士か同等の資格を持っている。

ビーンのクレイシュにいるアンヌ＝マリー先生やほかの保育士たちが、幼児保育のエリート奨学生のように思えてきた。自信に満ちた態度にも納得がいく。専門知識を修得して親の敬意を獲得しているのだから。先生たちには大変な恩義を感じている。ビーンがクレイシュにいた三年近くの間、トイレトレーニングをしてもらい、テーブルマナーを教えてもらい、フランス語の集中トレーニングを受けさせてもらったのだ。

クレイシュでの最後の日、さよならパーティをしてロッカーを片づけたあと、ビーンは、その年の担任だったシルヴィ先生にぎゅっと抱きついて、さよならのキスをした。年中プロフェッショナルの鑑《かがみ》のように子どもに接しているシルヴィ先生は、ビーンに抱きつかれると泣きだした。私も涙が出てきた。

私の母までも、クレイシュに慣れてきた。「デイケア」ではなく「クレイシュ」と呼びはじめたのもよかったのだろう。クレイシュはまちがいなく、私たちのためになった。フランス人の一員、少なくともこの地区の一員だという気持ちが強まった。夫婦でずっと続けていた「パリに住みつづけるか否か」の議論をいったん休止できるのも、ありがたかった。費用が安くて質がそれなりの保育施設を必死で探すはめになる土地に引っこすなんて、考えられない。それに、フランスに滞在する次の言い訳が、もうじきやってくる。ほぼ全員が入学できる、無料の公立保育学校、Ecole maternelle（エコール・マテルネル）だ。

私たち夫婦がフランスのクレイシュを好きになったのは、ビーンが気に入ってくれたから、というのが大きい。ビーンはブルーチーズを食べ、おもちゃの貸し借りをし、「トマトケチャップ」（フランス版の「がちょう、がちょう、あひる」遊び。ハンカチ落としのように輪になって遊ぶ）をする。それからビーンは、フランス語の命令形をマスターした。少し乱暴で、私のすねを蹴《け》とばすのが好きだけれど、そのうち卒業するだろう。ビーンの悪いところをクレイシュのせいにできないと思う。

マーキーとリラは、今でもビーンと仲良しだ。ときどき、クレイシュの前までビーンを連れていって、手すりごしに、庭で遊ぶ子どもたちをながめている。ビーンはときどき、だしぬけに、私のほうを向いて「シルヴィ先生、泣いてたね」と言う。ここは、ビーンにとって大切な場所なのだ。

第六章
フランス人ママは母乳にこだわらない

クレイシュにはすんなりなじめたけれど、フランス人のママとの交流は、すんなりとは行かなかった。フランス人は、英米人のように、女同士だからといって、たちまち友だちになれるわけではない。

クレイシュのフランス人ママ（全員が近所に住み、同年代の子どものママだ）は、朝に並んで子どもを預けるときに、「ボンジュール」とめったに言ってくれないので、めんくらってしまった。私のほうは、やっとのことで、ビーンのクラスの子どもの名前をほぼ全員覚えた。でも、一年経ってもビーンの名前を覚えたママはひとりもいなそうだ。私の名前など、もちろん知らないだろう。週に何度もクレイシュで顔を合わせるママたちは、スーパーですれちがっても、私に気づかない様子だ。

公園でも同じだった。ときどき会うカナダ人やオーストラリア人のママは、公園を私と同じく交流の場であり、生涯の友ができるかもしれない場として扱うので、出会って数分のうちに、出身地や配偶者の有無、バイリンガル教育の考えかたについて打ち明けあう。そしてたちまち、猛烈な勢いで共通点を探す。「わざわざ、グレープナッツのシリアルを買いにコンコルド広場まで歩いたの？　私もよ！」と。

でも、公園にはたいてい、フランス人ママしかいない。そしてフランス人ママは「私もよ！」をやらない。子どもが砂場でおもちゃを取りあっていても、私と顔を見合わせることはほとんどない。場をなごませようと「お子さん、いくつなんですか？」とたずねても、たいていは数字をつぶやいてから、ストーカーでも見るような目つきでにらんでくる。

そんな女性は無視すればいい。でも、できない。興味をそそられるのだ。第一に、その多くは、私たち英米人の女性よりはるかに外見がいい。朝、ビーンをクレイシュに預けるときの私は、髪をポニーテールにまとめ、なんでもいいからベッドのそばに落ちている服を着る。ところが彼女たちは髪をきっちりとセットし、香水をつけて、まるで、早起きの専属スタイリストでもつけているような格好で現れるのだ。フランス人のママが、産まれたばかりの赤ちゃんを乗せたベビーカーを押しながら、ハイヒールのブーツにスキニージーンズをはいて公園にさっそうと入ってきても、私はもうおどろかなくなった（パリ中心部から遠ざかれば遠ざかるほど、ママたちは少しふくよかになる）。

ママたちは、あかぬけているだけではない。不思議なほど態度が冷静だ。公園で子どもの名前を叫ばないし、わめいている幼児をベビーカーにベルトで固定して急ぎ足になったりしない。背すじがぴんと伸びている。たいていの英語圏出身のママ（私を含む）が全身からほとばしらせている、疲れと心配とぎりぎり感がいっしょくたになったオーラを発していない。とても子どもがいるようには見えないのだ。

秘訣が知りたくてしかたがない。フランス人の子どもはぐっすり寝てくれて、待ってくれて、ぐずらない。だからママが冷静でいられる、というのはまちがいない。でもそれ以上に、なにかあるはずだ。実は陰でこっそり悩んでいるの？　お腹の肉はどこにいったの？　うわべの見せかけだとしたら、裏側はどうなってるの？　それとも、フランス人のママは本当に完全無欠なの？　もしそうなら、彼女たちは幸せなの？

赤ちゃんが産まれて、まずフランス人と英語圏出身のママがはっきりとちがうのは、母乳に関する考えかたである。英米人の私たちにとっては、授乳期間の長さが――金融業界のボーナス額のように――「成績」の基準となる。母乳育児がいわゆる「競争」において、具体的な「点数」になることは、周知の事実だ。母親としての成績は、粉ミルクを併用したり、搾乳器を多用したりすると減点。授乳期間が度を過ぎて長くても、減点だ。

ちなみにフランスで母乳育児をしていると、英語圏出身のママからボーナスポイントがもらえる。母乳育児が奨励されておらず、嫌がる人が多い土地柄だからだ。パリ在住の英語圏出身のママの団体「メッセージ」が発行した育児ガイドには、「母乳を与えるママは、風変わりな人とまではいかなくても、期待以上のことをやりすぎている人、という目で見られます」と書かれている。

私たちの間では、フランスの医者についての怖ろしい逸話がとびかっている。たとえば、乳首がひびわれたり乳腺《にゅうせん》がつまったりすると、母親に無頓着《むとんちゃく》に「粉ミルクにかえなさい」と告げる医者がいるのだ。「メッセージ」では、これに対抗して「母乳サポーター」のボランティアを組織している。ビーンを出産する前に、「けっして赤ちゃんを病院のスタッフに預けたまま眠ってはいけない」とメンバーから警告された。母親の指示を無視して、赤ちゃんが泣いたときに勝手に哺乳瓶を与えるらしいのだ。

私たちがこんなに熱心なのに、なぜフランス人のママはほとんど母乳を与えないのだろう。フランス人のママのうち、なんらかの母乳育児を行うのはおよそ六三パーセント。イギリス人のママは七六パーセントだ[*18]（さらにロンドンだけに絞ると九〇パーセントである）[*19]。長期間の母乳育児は、フランスではまれだ。出産して退院するときは、半数をわずかに上まわるフランス人のママが母乳を与えているが、大半は、退院したらすぐにやめてしまう。

赤ちゃんが田舎に出されて乳母に育てられていた時代の名残で、今でも母乳には「田舎くさい」イメージがある、と話してくれた人がいた。また、粉ミルクの会社が産院に寄付をしたり、産科病棟に無料サンプルを配ったりと、宣伝活動が激しいという指摘もある。ジャーナリスト仲間のクリスティーヌの夫オリヴィエは、母乳育児は女性の胸の神秘性を失わせ、実用的で動物的なものに変えてしまう、と理論づける。フランス人のパパが、出産中の妻の足元に近づかないのと同じで、女性の乳房がセクシーではない目的に使われることから、目をそむけたがるのだ。「男は母乳をあげるところを見たがらないものだ」と、オリヴィエは言う。

フランスにも、わずかだが母乳育児に熱心な人がいる。でも、長く続けなければ、というママ仲間のプレッシャーはほとんどない。ブライトン出身でパリで英語教師をしている友人のアリソンは、なんの気なしに、一三か月の子どもにまだおっぱいをあげている、と医者に話したところ、即座に「ご主人はどうおっしゃってます？　かかりつけの精神科医は？」とたずねられたそうだ。フランスの子育て雑誌『*Enfant*』には「生後三か月以降に母乳育児をすると、周囲に悪い印象を与える」と書かれている。

ふたりの娘を持ち、クレイシュで働くアレクサンドラは、娘に一滴も母乳を与えたことがないそうだ。そう教えてくれた彼女には、申し訳なさや罪悪感のかけらもない。消防士である夫が、娘たちの世話を手つだいたがったので、哺乳瓶でミルクをあげてもらうのがちょうどよかったそうだ。「娘はふたりとも、とても健康よ」。そう話すアレクサンドラは、さらにこう言った。

「夜中にミルクをあげるのは、父親にとっていい練習になるわ。私も睡眠が取れるし、レストランではワインが飲める。ママにとって悪くないことよ」

実際に、フランスの子どもは大量の粉ミルクを摂取するにもかかわらず、ほぼすべての健康基準に関して、アメリカの子どもに勝っている。フランスは、ユニセフによる健康と安全に関する国際調査で、先進国の平均を約六ポイント上まわった。調査項目に含まれるのは、乳児死亡率、一歳児の予防接種率、一九歳までの事故または外傷による死亡数（一〇万対）などだ。アメリカは平均より約一九ポイント、イギリスは約二一ポイント低いという結果だ。

　でも、私は母乳に関しては冷静ではいられない。母乳コンサルタントから聞いた話にパニックになり、病院で出産すると、一日中ビーンを自分の部屋から出さずにそばに置いた。ビーンがむずかるたびに目を覚まし、ほとんど休めなかった。

　母親になれば、苦しんで自分を犠牲にすることが、あたりまえだと思っていた。でも二日ほど経つと、産科病棟のなかで、自分をそんなつらい目に遭わせているママは自分だけかも、と気がついた。たとえ母乳をあげているママでさえ、夜には廊下の先にある保育室に赤ちゃんを預けていた。みんな、自分に数時間眠る資格があると思っているのだ。

　ついに疲れ果てた私は、自分を甘やかしすぎだと思いながらも、赤ちゃんを預けてみることにした。するとたちまち、このシステムのとりこになった。預けたことでビーンに悪い変化があったようにも見えない。それまでさんざん聞いてきた噂とはちがって、保育室に勤務する看護師や保育士は、ビーンがおっぱいをほしがるたびに、よろこんでビーンを部屋まで運びこみ、授乳が終わるとふたたび連れだしてくれた。

　長年にわたって母乳育児を推奨しているビトゥン博士は、フランス人のママを説得するには、健康のためという主張（高IQや免疫グロブリンAの話題など）は効果が薄いと言う。説得力があるのは、母乳育児はママも赤ちゃんも楽しい、という切り口だ。物理的な距離の近さ。心と心のつながり。身体的な快感。「母乳を与えるよろこびや、授乳による安らぎ、といったことが大切なんです。楽しいという観点から説得するのが一番です。ママが楽しく、赤ちゃんも楽しい」と。

長く母乳育児をしたがるフランス人ママも多い。でも、モラルの重圧に反してまでは望まないし、得意げにひけらかしたりしない。たとえ粉ミルクのほうが赤ちゃんによくないとしても、粉ミルクのおかげで、フランス人ママが最初の数か月をはるかに楽にすごせるのは、確固たる事実なのだ。


母乳育児にはのんびりかまえるフランス人ママだが、産後の体形を戻すことにかけては肩に力が入っている。フランスには、子持ちの女性はセクシーじゃないという偏見がない。むしろ、フランス人の男性が、母になった女性は、幸福でいきいきした精神（肉体ではない）にあふれていて魅力的だ、と評することもめずらしくない。もちろん、英米人のママでも、増えた体重をさっさと落とす人もいる。でも、女性をべつの方向へ引っぱるお手本を探すのはかんたんだ。たまたま見つけた英語圏の雑誌の「新米ママに変身」というファッション特集に、私は気持ちが沈んだ。まだふくよかさの残る三人の女性が、ゆったりしたワンピースを着て、恥ずかしそうにほほえんでいる。それぞれが自分の子どもを腰の前で抱えているのは計算ずくなのだろう。「出産すると体形が変わります。ママになると人生が変わります」というキャプションが添えられ、ウエストが引き紐《ひも》のパンツが賞賛されていた。

英米人のママには、母性を優先するために体形を犠牲にすることが、モラル的に正しいと考える人もいる。高尚な目的に自分を捧《ささ》げるのだ。[*20]あるコラムニストは、『デイリー・メイル』紙にこう書いている。

「なぜ、母親になった女性の多くが、退屈でやぼったい女にひょう変してしまうのだろう。会話はワンパターンになり、託児所とオムツとおっぱいという、なんとも魅力的な話題からはなれられなくなる」

産後の英米人があかぬけないのは、仲間うちの圧力が原因かもしれない。ケンブリッジ在住のある母親は、ママ友仲間にダイエットをしていると報告すると、怒られたという。あなたが妊娠太りの体重を落としたら、私たちが太って見えるじゃないの、と。

米コネティカット州出身のスポーツ・マーケティングコンサルタントで、生後六か月の赤ちゃんのママが、こんな話をしてくれた。あるフランス人女性が、近所のママ友グループの集まりに到着して早々に「ねえ、みなさん、減量は進んでる?」と（おそらく愛らしいフランスなまりの英語で）たずねた。すると、アメリカ人のママは全員、黙りこくってしまった。アメリカ人のママは、ふつう、そういう話題を出さない。赤ちゃんの世話をほうりだして自分の脂肪の手入れをするなんて自分勝手だし、話題にするだけでも申し訳ない気がするからだ。パリでは、どこに行っても新米ママのダイエット話に口をつぐむ人はいない。妊娠中に体重を増やしすぎるな、という社会的な重圧が大きく、産後も急いで体重を減らさなければ、というプレッシャーがかかるからだ。

フランスでは、「三か月」が節目の数字のようだ。あらゆる世代のフランス人女性が、産後三か月までに体形を戻しなさいよ、と私にくぎを刺した。フランス人ジャーナリストのオドレイは、コーヒーを片手に、二度の妊娠後（うち一度は双子）すぐに体形を戻した、と教えてくれた。

「もちろんよ、それが自然だもの。あなたもそうでしょ、ちがうの？」（彼女がカフェに到着したとき、私はもう席に座っていたので、お腹を見られていなかった）

何ごとにもリラックスしているフランス人女性だが、妊娠中の体重を落とすことにかけては、多少がんばっているようだ。

「すごく注意していたわよ」と、子どもが三人いるのにスリムなヴィルジニーは、ランチのとき話してくれた。私は、大きなボウルに入ったカンボジアのヌードルスープをすすりながら聞いていた。ダイエットは行わず、ただ、時おり注意していただけ、と彼女は言う。

「どういうこと？」

私は、ヌードルをすする合間にたずねた。

「パンを食べないのよ」

ヴィルジニーが、おだやかだが確固とした口調で言った。

ずっと「パンを食べない」のではない。月曜日から金曜日までの平日にパンを抜く。週末と、平日の夜の外食では、なんでも好きなものを食べる。

「なんでも、とはいえ、控えめに食べるのよね？」

「いいえ、なんでも好きなものを食べるの」

彼女は、やはりきっぱりした口調だ。

これは、『*French Women Don't Get Fat*』でミレイユ・ジュリアーノが書いていた方法に似ている。ジュリアーノは、一日だけオフの日をもうけ、やりすぎないことを勧めていた。実践して大成功した人を実際に目のあたりにすると、あらためて感動する。それに、「注意する」という現実的でニュートラルな言いまわしのほうが、罪悪感に満ちた「こっそりズルをしない」（つまり「ズルをする」「こっそり食べる」の反対語）よりも好感が持てる。

ヴィルジニーによると、こういう食事のしかたは、パリの女性の公然の秘密だそうだ。「あなたが目にするスリムな女性は」と、ヴィルジニーが一本の線を引くように、きゃしゃな骨格をなでおろし、「すごく注意しているのよ」と、しめくくった。


もちろん、スリムなことだけがフランス人ママの秘密ではない。それに、全員がやせているわけでもない。三か月で産前のジーンズがはけるようになったイギリス人やオーストラリア人のママもいる。でも公園にいると、遠目でも彼女たちを見分けることができる。身ぶり手ぶりに特徴があるからだ。私と同じで、子どもの前にかがみこんだり、芝生におもちゃを並べながら、口に入れたら危険なものが落ちていないか、地面をチェックしている。どこから見ても、子どもたちの世話に専念しているのだ。

ここでもフランス人ママは、明らかにちがう。赤ちゃんを産む前の自分に戻っているのだ。まずもって、私たちよりも、子どもと物理的に距離を置いている。フランス人ママがジャングルジムにのぼったり、子どもといっしょにすべり台をおりたり、シーソーに乗ったりするのを見たことがない。これらはアメリカではふつうに見かける光景だし、フランスに滞在している英米人もそうしている。しかしフランス人の親は、子どもが歩く練習をしている場合をのぞいて、公園や砂場の周辺に座って、親同士でおしゃべりをしているのだ。

英米人の家庭では、家のあらゆる部屋におもちゃが広がっていることが多い。ロンドンでお邪魔したお宅では、両親がリビングルームの本を棚からすべて引きあげて、かわりに子どものおもちゃとゲームを並べていた。

フランス人で、リビングルームにおもちゃを置いている親もいる。でも、そうしていない家庭が大半だ。おもちゃやゲームをたくさん持っていても、遊び道具が共有スペースを埋めつくしてはいない。少なくとも、おもちゃは夜に片づけられる。親は、それが健康的な区別であり、眠る前の子どもが気持ちを整理するチャンスだと考えている。子煩悩な二歳児のママである近所のサミアが、こんなことを話してくれた。娘がベッドに入った後は「もうおもちゃは見たくないの……あの子の部屋が、あの子のスペースなんだから」

ちがうのは物理的な距離感だけではない。どんなにいいお母さんでも、四六時中子どもを見ているわけではなく、[*21]そのことに罪悪感を持たなくてあたりまえ。それが、フランス人ママのほぼ全員に共通していることに、おどろいてしまった。

英語圏の子育て本にはよく、「お母さんたちも自分の人生を大切にしてください」と書いてある。でも、一度もベビーシッターを使ったことがない英米人の専業主婦のママの話は、しょっちゅう耳にする。子どもの世話はすべて、自分の仕事だと思っているのだ。

パリでは、働いていないママも、ひとりの時間を持つために、週にほんの数時間でも、幼児を保育施設に預けるのがあたりまえだ。そして罪悪感を持たずにヨガ教室や美容院に行く。だから、悩み多き専業主婦のママでも、まるで別世界から来たようなヨレヨレの格好でふらふらと公園に現れることはない。

フランス人の女性は、物理的にオフの時間を取るだけではなく、心理的に子どもとはなれてもいいと思っている。ハリウッド映画では、登場する女性が子持ちかどうかは、すぐにわかる。それが映画の主題になっていることもしばしばだ。でも、私がときどき観《み》にいくフランスの恋愛映画やコメディ映画では、主人公に子どもがいるかどうかは筋書きと無関係であることが多い。たとえば、典型的なフランス映画『リグレット』は、小さな町の女性教師である主人公が、母親の病気を理由に町に戻ってきた昔の恋人と恋を再燃させる物語だ。観ていると、主人公に娘がいるのがわかるが、娘の登場シーンはわずかだ。大筋でいって、これは恋愛を描いた映画であり、熱いベッドシーンも登場する。主人公が悪い母親として描かれているわけではない。母親であることは、物語の一部にすぎないのだ。「親であることは非常に大切だが、ほかの役割まで吸いとられてはいけない」というのが、フランスで優勢な社会的メッセージだ。

もちろんフランスでも、母親業に夢中になるママもいるし、アメリカで、そうならないママもいる。でも、それぞれの土地の理想とする姿は、まるでちがっている。フランス人女優のジェラルディン・ペラスを特集した、[*22] フランスのママ雑誌のファッションページには、どきりとさせられた。ペラスは、三九歳で二児の母だ。あるページでは、彼女がタバコをふかしながら、ベビーカーを押し、ぼんやりと遠くをながめている。次の写真では、金髪のウィッグをつけてイヴ・サン＝ローランの自伝を読んでいる。三枚目の写真では、黒のイブニング・ドレスを着て、ありえないほどかかとの高い羽根飾りつきのピンヒールをはき、レトロな乳母車を押している。

記事は、ペラスを理想的なフランスの母として紹介している。

「彼女は、女性の自由をシンプルな形で体現している。母親という役割によろこびを感じ、新しい経験に貪欲《どんよく》で好奇心にあふれ、危機的な状況に上手に対応し、つねに子どもたちに思いやりぶかく接する。しかし、かんぺきな母親という概念に縛られてはいない。そんなものは『存在しない』ことを彼女自身が私たちに教えてくれる」

　この記事、そしてペラスのスタイルは、私を公園で無視したフランス人のママたちにつうじるものがある。〈クリスチャン・ルブタン〉のハイヒールで闊歩《かっぽ》するとまではいかなくても、発しているメッセージはペラスと同じだ。

「献身的な母親でありながら、子どもとは無関係のことにも関心があり、罪悪感なしに自由を楽しむ時間を持っている」

　私は、友人のシャロンに、意見を聞くことにした。シャロンはフランス語を話すベルギー人の出版エージェントで、夫はハンサムなフランス人男性だ。夫とふたりの子どもと、世界のあちこちに住んだ経験がある。シャロンはすぐさま、私がペラスの写真と、周囲のパリのママたちに感じたことを、べつの角度から分析してこう言った。

「英米人の女性にとって、ママの役割は完全に分離した絶対的なものなの。ママの帽子をかぶるときは、ママの服を着る。セクシーになるときは、完全にセクシーになる。そして子どもたちには、ママの顔しか見せないの」

　フランスでは（ベルギーでも同じらしいが）、「ママ」と「女性」の役割が融合しているのが理想的だ。そしていつでも、両方の顔を見ることができる。

第七章
フランスの魔法の言葉

ビーンが三歳のころ、聞いたことのない言葉を使うようになった。はじめは「カカ・ブッダ」と言っているのかと思った。「カカ」はフランスの幼児語で「ウンチ」という意味なので、仏教徒の友人には失礼にあたる言葉だ。しばらくしてから、ビーンが「カカ・ブーダー(caca boudin)」と言っていることに気がついた。「ブーダー」はソーセージという意味なので、娘は、しょっちゅうあちこちで「ウンチソーセージ」と叫んでいたわけだ。

人気のある罵《のの》り言葉の多くがそうであるように、「カカ・ブーダー」は用途が広い。ビーンは友だちと家のなかを走りながら、うれしそうに連発している。「どうでもいい」「ほうっておいて」「関係ないでしょ」の意味にも使っていて、口ごたえとして万能の言葉になっていた。

私　「今日は学校でなにをしたの?」

ビーン「カカ・ブーダー」(と、せせら笑う)

私　「ブロッコリーのおかわりはどう?」

ビーン「カカ・ブーダー!」(と、ケラケラと笑う)

サイモンも私も、この「カカ・ブーダー」の扱いに困ってしまった。失礼なのか、愛らしいのかわからない。叱るべき、それとも笑ってすませるべき? 社会的な位置づけが理解できない。念のため、私たちはビーンに「言わないで」と注意した。ビーンは妥協策として、言うのはやめずに、言ったあとに「『カカ・ブーダー』は言いません。悪い言葉だから」とひとこと加えるようになった。

わが家には、主に学校をつうじて「フランス」が入ってくる。ビーンはフランスの無料の公立保育学校、エコール・マテルネル（注：直訳すると「母性的な学校」）に通うようになった。午前から午後までの週四日で、水曜日は休みだ。マテルネルは義務教育ではなく、パートタイムで通うこともできる。でも、フランスの三歳児はほぼ全員、フルタイムでマテルネルに通い、子どもたちは、ここでそれぞれが似たような体験をする。これがフランス流の、幼児をフランス人に育てる方法なのだ。

マテルネルのおかげでフランス人の生活に近づけた一方で、フランスの家庭には、私たちとはちがう社会のルールがあることに気づかされた。ビーンと同じ年の娘を持つエステルのお宅で夕食を終えたあと、エステルが怒りだした。娘が部屋から出てさようならの挨拶をしないからだ。エステルはついに娘の部屋へと踏みこんで、娘を引きずりだした。

「オ・ヴォア（さよなら）」

四歳の少女は、やっとのことで弱々しくつぶやき、エステルは怒りを鎮めた。

もちろん私だって、ビーンに「プリーズ（どうぞ）」と「サンキュー（ありがとう）」の「魔法の言葉」を言わせるようにしていた。でも、フランスには四つの魔法の言葉があることがわかった。それは、「プリーズ」「サンキュー」「ボンジュール（こんにちは）」「オ・ヴォア（さようなら）」。「プリーズ」と「サンキュー」は必要だが、それだけでは足りない。

「ボンジュール」と「オ・ヴォアア」、とりわけ「ボンジュール」が必須なのだ。私自身、

「ボンジュール」を練習することがフランス人になる必須条件であることに気づいていなかった。

「自分の子どもには、とにかく『メルシー(ありがとう)』『ボンジュール』『ボンジュール、マダム』が言える子になってほしいのよ」と話すのは、三人の子どもがいるフランス人ジャーナリストのオドレイ・グタールだ。「一歳のときから、一日に一五回は言いきかせていたわ」

ふつうの「ボンジュール」では足りないと考えるフランス人の親もいる。あるママは、「自信を持って言うべきよ。それが人間関係の第一歩なんだから」と話す。スリムな専業ママのヴィルジニーは、子どもたちに、より礼儀正しく「ボンジュール、ムッシュ」「ボンジュール、マダム」と言わせているそうだ。

友人のエステルのように、子どもに罰をちらつかせて「ボンジュール」を言わせる親もいる。「あの子が『ボンジュール』を言わないなら、自分の部屋に閉じこめて、来客との夕食には同席させないの。だからあの子は『ボンジュール』を言うわ。たとえ心がこもっていなくても、くりかえすことが大切だと思うの」。エステルはそう説明する。

大学教授で二人の子どもを持つブノワは、子どもたちを祖父母の家にお泊まりさせたときのハプニングについて聞かせてくれた。三歳の娘が不機嫌な顔で起きてきて、朝食を食

べるまでおじいちゃんに「ボンジュール」を言いたがらなかったのだ。やっとのことでなんとか、「パ・ボンジュール・パピー(いい朝ではありません、おじいちゃん)」とだけ言ったそうだ。「おじいちゃんはそれでも満足していたよ。なんであれ、孫が自分の存在を認めたわけだから」とブノワは説明した。

もちろん、大人も互いに「ボンジュール」を言う必要がある。観光客がパリのカフェや店でしばしば冷遇されるのは、「ボンジュール」という挨拶から交流を始めないのが理由かもしれない。途中から英語に切りかえてもいいから、まずは「ボンジュール」と挨拶すべきなのだ。タクシーに乗りこむとき、レストランでテーブルに最初にウェイトレスがやってきたとき、店で自分に合うサイズのズボンがあるかをたずねるとき、まず「ボンジュール」と言うべきだ。「ボンジュール」と呼びかけることによって、相手の人間性を認識する。たんなるサービスの提供者ではなく、あなたを人間として見ていますよ、という合図なのだ。心をこめてはっきりと「ボンジュール」と呼びかけると、おもしろいぐらい、相手がみるみるリラックスするのがわかる。たとえ私の発音が変だとしても、「ボンジュール」が礼儀正しい交流を持ちましょう、という合図になるのだ。

イギリスやアメリカでは、四歳の子どもは、家にお邪魔するときに挨拶をする義務はない。挨拶をしている親の背中に隠れていても、英米人の感覚では、それでかまわない。子どもを完全なひとりの人間としての数に入れていないので、子どもに認識してもらう必要がない——子どもという別領域の住人なのだ。その子が、たとえどんなに才能あふれる子どもだと噂に聞いていても、実際に私には話しかけてこない。

アメリカで親せきが集ってランチ会をしたときに、着席した五歳から一四歳のいとこや義理のいとこたちは、私に一度も話しかけなかった。言葉をひねりだそうとこちらが努力すると、ようやくふたことみことしゃべる。私が質問しても、一語だけで答える子もいた。ティーンエイジャーになっても、よく知らない大人を相手に堂々と自己表現することに慣れていないのだ。

フランス人が「ボンジュール」にこだわるのは、フランスでは、子どもがあいまいな存在でいることが許されないからでもある。子どもは挨拶をすることで、存在を認められるのだ。私の家に入ってくる大人たちが私の存在を認めるように、入ってくる子どもたちもまた、私の存在を認めなければならない。「挨拶というものは、相手を人間だと認識すること。子どもであっても挨拶されないと、人は傷ついてしまうのです」とブノワは言う。

これはたんなる社会的な習慣ではない。やはり、国家的プロジェクトだ。ビーンの学校の保護者会では、担任の先生が、生徒の目標のひとつは大人の名前を覚えること（ビーンは教師たちをファーストネームで呼んでいる）、そして大人に向かって「ボンジュール」「オ・ヴォアア」「メルシー」を言う練習をすること、と話していた。フランス政府発行の小冊子には、マテルネルの子どもたちは「礼儀正しさ」に理解を示すようになる、と書いてある。

つまり、「一日の始まりと終わりに先生に挨拶する、質問に答える、助けてくれた人にありがとうを伝える、ほかの人がしゃべっているときにさえぎらない」が目標なのだ。

フランスの子どもが、いつも自発的に「ボンジュール」を言うわけではない。親が子どもにうながす（「こっちに来てボンジュールを言いなさい！」）場面もしばしばだ。大人同士の挨拶のあとに、ひと息待ってから、子どもが挨拶をしないと、ホストがその子の親に優しい口調で「気にしないで」と伝えることもある。そのやりとりだけでも、義務が果たせるらしい。

子どもの「ボンジュール」は、大人のためだけではない。これを言うことで、子どもは、自分だけではなく他人にも感情や要求があることを学習できるのだ。

溺愛《できあい》するかわいらしいひとり娘を部屋から引きずりだして、さようならの挨拶をさせたエステルは言う。

「わがままな子にならないためよ。他人を無視して、ボンジュールやオ・ヴォアを言えない子どもは、自分の世界に閉じこもっているの……与えてもらうだけの立場ではなく、与える立場でもあることに気づかせなくちゃ」

「プリーズ」や「サンキュー」を言うとき、子どもは劣勢な、与えてもらう立場にいる。大人は子どもになにかしてやるか、子どもが大人にお願いするかのどちらかだ。しかし、「ボンジュール」と「オ・ヴォア」は、子どもと大人を、たとえその一瞬であれ、より対等な立場にさせる。この言葉によって、子どももまた、自分は権利を持つ人間だという概念が強まるわけだ。

もしかしたら、英米人の子どもに、戸口で挨拶せずにこそこそさせたままにしておくことが、カウチで跳びはねたり、パスタの麵《めん》以外は食べようとしなかったり、夕食のときにテーブルの下にもぐって私の足をかんだり、という連鎖反応を起こすのではないだろうか。礼儀の最初のルールを免除されたのだから、ほかのルールも免除になるとか、自分にはルールに従う能力がないと、安直に考えてしまわないだろうか。私はそう考えずにはいられない。

「ボンジュール」と挨拶することで、子どもも大人も、私は行儀よくふるまうことができますよ、というシグナルを発信する。ここから大人と子どもの交流が始まるのだ。

親のほうも、挨拶が大人らしいふるまいだとわかっている。七歳と九歳の娘がいる医学倫理学者のデニスは、こう説明してくれた。

「こんにちは、と挨拶をするのは、かんたんではないことよ。でも、そうすることで、子どもは、大人が挨拶を大事にしていることを学ぶんじゃないかしら。『ボンジュール』を言わない子は、自分に自信が持てないように思うのよ」

挨拶をしない子の親もまたしかり、である。だから、「ボンジュール」を言わせることが、子育ての強力な指標でもある。フランスの魔法の言葉を言えない子どもは、「育ちが悪い」というレッテルを貼《は》られる怖れがあるのだ。

デニスの下の娘の友だちのひとりが、家に遊びに来たときに、しょっちゅう大声を出したり、ふざけてデニスに「シェリ（愛しい人）」と呼びかけたりするので、デニスは夫に「もうあの子は二度と呼ばないわ」と宣言したそうだ。

「だって、わが子を育ちの悪い子と遊ばせたくないもの」

ジャーナリストのオドレイ・グタールは、著書『*Le Grand Livre de la Famille*（家族についての大きな本）』のなかで、フランスの子育ての慣習をくつがえそうと試みた。でも、そんなグタールでさえ、「ボンジュール」の重要性については疑問の余地がない。彼女はこう話してくれた。「フランスでは、どこかに出かけて『ボンジュール、ムッシュ』『ボンジュール、マダム』が言えない子は、拒絶されるわね。たとえば、私が友人の家に遊びに行ったとして、そこの六歳の子どもがテレビから顔を上げなかったら、その子は『育ちが悪い』と言えるでしょうね」。私は（アメリカでは）それがふつうだ、とは、とても言えなかった。

「社会にはたくさんの掟《おきて》がある。従わない人は、社会から除外される。単純なことよ。子どもには、社会にとけこませたり、人に会わせたりする機会があまりないでしょ。私は著書のなかで、この掟を子どもが知っているほうがいい、と主張しているの」

なんてこと。私は、フランスの子どもが「ボンジュール」と言うことに、なんとなく気づいていたけれど、そこまで重要だとは思っていなかった。アメリカでいう、歯がきれいなことと同じ位置づけなのだろうか。「ボンジュール」のひとことで、大事に育ててもらっていることと、基本的な社会ルールに従って遊べる子どもだということがわかるのだ。ビーンの属している三〜四歳児のグループの子どもには、すでに数年分の「ボンジュール」が仕こまれている。でも、ビーンにはそれがない。「プリーズ」と「サンキュー」だけでは、五〇点だ。すでに「育ちが悪い」というレッテルを貼られているかもしれない。

私はビーンに、「ボンジュール」はこの土地の慣《なら》わしなので、尊重すべきだということを説明した。

「私たちはフランスに住んでいるわよね。フランスの人にとって、『ボンジュール』を言うのはとっても大切なことなの。だから、私たちも言うようにしましょうね」と、ビーンに伝えた。誕生日パーティのお呼ばれや、フランスの友人のお宅にうかがうときに、エレベータのなかでビーンに練習をさせた。

「入るときに、なんて言うの？」

私はおずおずとたずねた。

「カカ・ブーダー」と、ビーンが答えた。

たいてい、玄関をくぐるときにビーンはなにも言わない。そこで私は、みんなに聞こえるように、「ボンジュールと言いなさい」と形式的に伝えることにした。そうすれば、せめて私がこの慣習を知っていることをアピールできるし、うまくいけばビーンに学習させることができる。

私たち夫婦のボキャブラリーに浸透してきたフランス語のひとつに「bêtise（ベティーゼ）」がある。子どもがやる、ちょっとした悪さ全般のことだ。たとえばビーンがテーブルによじのぼったり、食べていいと言われていないお菓子をつかんだり、床に豆をばらまいたりしたら、「ベティーゼをしている」という。「ベティーゼ」は、ささいな迷惑だ。だめなことだが、ひどい悪さではない。積もりつもれば、罰を与える対応をするけれど、一度の「ベティーゼ」なら、おそらく見のがすだろう。

このフランス語を使うのは、英語にちょうど適当な言葉がないからだ。英語では、子どもに向かって「ちょっとした悪さをしたわね」とは言わない。内容を指摘するよりも、むしろ「わんぱくな子ね」「いたずらっ子ね」あるいは「悪い子ね」と、したことの程度にかかわらず、子ども自身にレッテルを貼りがちだ。でも、テーブルを叩くのと人を叩くのではことの大きさがちがう。親としては、悪いことの一部を「軽い悪さ」——たんなる「ベティーゼ」——と位置づけることで、そのつどふさわしい対応ができるので、助かる。ビーンがまちがったことをしたり、反抗したりするたびに、動揺したり、厳しく接したりせずにすむからだ。今のはほんの「ベティーゼ」、ですむこともある。この単語のおかげで、気を鎮めることができるのだ。

私の新しいフランス語のボキャブラリーは、ビーンだけではなく、フランスの児童書からも入ってくる。誕生日パーティや、衝動買いや、ご近所のガレージセールをつうじて手元に入ってきた本だ。声の届く範囲にネイティブスピーカーがいるときは、フランス語でビーンに読みきかせないように気をつけている。外国人なまりがあったり、あやしい単語につまずいたりするのが、自分でわかるからだ。たいていは、発音をひどくまちがわないようにと意識するあまり、三回読まないと、物語の筋が把握できない。

すぐに気づいたのは、フランス語と英語の児童書のちがいが、たんに言語だけではないことだった。多くの場合、ストーリー展開と道徳的メッセージが大きく異なっているのだ。英語の本ではたいてい、ある問題が生じ、それを修復しようという努力と、よろこばしい解決が描かれる。たとえば、フォークやナイフさんになりたいスプーンさんが、スプーンでいることのすばらしさに気がつく。砂場にほかの子どもを入れたがらない少年が、とうとう砂場から追いだされ、子どもみんなで砂場で遊ぶべきだと気がつく。学ぶべき教訓があり、人生がよりよくなるのである。

ちがいは、本の内容だけではない。ビーンに『幸せなら手をたたこう』を歌ってあげるときや、明日また陽《ひ》がのぼる、という内容のミュージカル映画『アニー』をいっしょに観るときに、必死に期待をこめている自分に気づかずにはいられない。英語圏の世界では、あらゆる問題に解決する術があり、幸せはすぐそこにあるものなのだ。

ビーンに読んであげるフランスの本も、似たような出だしで始まる。問題があり、登場人物たちが、それを乗りこえようと苦労をする。でも、成功はめったに長つづきしない。たいていは、主人公がふたたび同じ問題を抱えるところで物語が終わる。全員が学んで成長する、という自己変革の瞬間が描かれることは、めったにない。

ビーンのお気に入りのフランスの児童書に、いとこ同士で親友のかわいいふたりの女の子の物語がある。エリエット（赤い髪）はいつも、アリス（茶色い髪）にいばりちらしている。ある日、アリスはついにがまんができなくなり、エリエットと遊ばないことにする。ふたりは長い間、はなればなれでさびしい思いをする。とうとうエリエットがアリスの家にやってきて、許しをこい、変わると約束する。アリスは謝罪を受けいれる。次のページでは、ふたりはお医者さんごっこで遊んでいて、エリエットがアリスに浣腸《かんちょう》器をつきさそうとしている。なにも変わらないまま、物語は終わる。

フランスの児童書では、多くがこんな終わりかたをする。そこから受けるメッセージは、結末をハッピーエンドにまとめる必要がないということ。ビーンが読んでいるフランスの物語では、人生はあいまいで複雑だ。悪人も善人もいない。みんなが少しずつ、両方の要素を持っている。エリエットはいばり屋だけど、楽しい子だ。アリスは犠牲者だが、自分からそれを望んでいるようにも見えるし、意地悪をされても、また近づいていく。

エリエットとアリスは、このちぐはぐな関係を続けていくのだろう。それが、女の子の友情のありかたなのだ。私は、こういうことを、三〇代になってからではなく、四歳のときに知りたかった。

フランスの児童書では、ひとりの登場人物が矛盾する性格を持つことも可能だ。ビーンが持っている『かんぺきなおひめさま』のシリーズの一冊では、ゾーイがプレゼントの包みを開いて、気に入らない、と言う。でも、次のページではゾーイが「かんぺきなおひめさま」になり、跳びあがってプレゼントをくれた人に「メルシー」と言っている。

もしもこの本の英語版があれば、おそらくゾーイは反射的に悪い子になる癖を克服して、完全に「かんぺきなおひめさま」に変身することだろう。フランスの本のほうが、より実生活に近い。ゾーイは引きつづき、両面の性質を抱えて悪戦苦闘する。この本では、お姫さまのようなふるまいを勧めてはいる（最後に、よい行いが認定される）。でも、子どもにはそもそも、ちょっとした悪さ（べティーゼ）の衝動があって、あたりまえなのだ。

また、フランスの四歳児向けの児童書には、裸や恋愛がたくさん描かれている。わが家には、うっかり裸で登校する少年が主人公の本があるし、べつの本では、学校の人気者の男の子がパンツにおもらししてしまい、スカートの下にバンダナをつけてパンツを貸してくれた女の子に感心する、というくだりがある。こういった本は――そして、私が知るフランス人の親は――就学前の子どもたちの恋心やロマンスを、純粋かつ意義深いものだと見なしている。

私はついに、フランス人の大人に、例の謎の言葉「カカ・ブーダー」についてたずねてみることにした。彼らは、私が「カカ・ブーダー」を深刻にとらえていることをおもしろがった。判明したのは、これが小さな子ども限定の罵り言葉であるということ。トイレの使いかたを覚える時期に、子ども同士のやりとりから拾ってくるらしい。

「カカ・ブーダー」と言うのは、少々「ベティーゼ」だ。でも、親たちは、言うことを楽しんでいるのだと理解している。それは子どもにとって、世の中をばかにしたり、規則を破ったりする手段なのだ。子どもにはたくさんのルールや制限があるので、多少の反抗をする自由も必要。大人たちは、そう思っているらしい。「カカ・ブーダー」は、子どもにパワーと自主性を与える言葉なのだ。以前ビーンを世話してくれたアンヌ＝マリー先生に「カカ・ブーダー」についてたずねると、ほほえんでこう言った。

「ふつうにあることですよ。私たちも、子どものころに使っていました」

だからといって、子どもが思いのままにいつでも「カカ・ブーダー」と言えるわけではない。子育てガイド（前出）『*Votre Enfant*（あなたの子ども）』は、悪い言葉はバスルームにいるときだけ使うように諭すことを勧めている。夕食の席ではそういった言葉を禁じている親もいた。「カカ・ブーダー」を完全には禁じずに、子どもが時と場所を考えて使ってくれると信頼しているのだ。

ビーンと私が、ブルターニュのフランス人家庭にお邪魔したとき、ビーンとあちらの小さな娘のレオニーが、レオニーの祖母に向かって舌をつきだした。祖母はすぐさまふたりを座らせて、今の行為をしていい時と場所について説明を始めた。

「自分の部屋にひとりでいるときは、していいわ。バスルームでひとりのときも、いいわ。……はだしで歩いて、舌をつきだして、指をさして、『カカ・ブーダー』と言っても、ひとりのときならいいわ。だけど、学校ではやってはだめよ。テーブルに着席しているときは、ママとパパといっしょのときは、だめ。道端では、だめ。それが人生よ（C'est la vie）。ちがいを理解してちょうだい」

「カカ・ブーダー」について情報を得たサイモンと私は、対応の保留を解除することにした。ビーンには、言ってもいいけれど、多くは使わないで、と伝えた。背景にある哲学が気に入ったので、私たちもときどき使うようになった。子ども限定のマイルドな罵り言葉なんて、ユニークだし、フランス人っぽいじゃないの！

結局のところ、「カカ・ブーダー」の社会的なニュアンスは繊細すぎて、習得するのはむずかしそうだ。ある日曜日の午後、ビーンの学校の友だちのパパが、わが家に遊びに来た娘を迎えに来たとき、ビーンが「カカ・ブーダー」と叫びながら廊下を走っていった。銀行家であるパパは、警戒した顔で私のほうを見やった。彼はまちがいなく、妻に今の出来事を報告するだろう。以来、その子はわが家に遊びに来ていない。

第八章

フランス流、夫婦円満の秘訣

双子を持つ親は離婚率が高い、と友人たちに言われた。統計的な事実なのかは知らないけれど、こういう噂が広がるのは理解できる。ビーンの下に双子の男児を出産してからの数か月、サイモンと私はしょっちゅうつまらないことで言いあらそった。私は部屋のあちこちに「サイモンにガミガミ言わない」と書いた紙をテープで貼ることにした。バスルームの鏡にも一枚。サイモンも私も、疲れているからケンカになるのだと気がつく余裕がないほどに、疲れていた。サイモンの頭のなかなんて、もうどうでもよくなった。どうせオランダのサッカーのことを考えているのだろうけれど。

めったにない空き時間には、サイモンが雑誌を持ってベッドに逃げこんだ。話しかけようとすると、「僕が今読んでいる『*New Yorker*』誌の記事よりおもしろい話ができるの?」と言われた。

ある日、私はこう言った。

「私たち、相性がいいわよね。あなたは怒りっぽいし、私はイライラさせるのが得意だし」

私たちは明らかに、おぞましい空気をかもしだしていた。シカゴから遊びに来た子どものいない夫婦は、わが家に四日間滞在したあと、子どもを持つのはやめるという結論を出した。なんとビーンまでもが、家族ですごしたある週末の終わりに、「あたし、子どもはいらない」と宣言した。「子どもは大変すぎるもん」と。

夫婦にとって朗報だったのは、息子がふたりそろってクレイシュに受けいれが決まったこと（私の母でさえ、これを聞いて安堵《あんど》した）。双子はフランスでそれなりにめずらしいため、優先順位が高かったようだ。クレイシュの審議会が同情してくれたのか、新しい住まいの二ブロック先にある小さなクレイシュが（空きがないと聞いていたにもかかわらず）割りあてられた。

クレイシュのおかげで、未来に希望が出てきた。でも、息子たちを預けるまでの数か月を乗りきらなければならない。家族としても、夫婦としても（こちらのほうが気が重い）。息子たちは一歳になるまで家で育てると決めていた。

サイモンと私が、そんなに長い間がんばれるかどうかは、あやしかった。夜にデートをすれば解決するのだろうか？　社会学者もこのテーマを研究している。中流階級のカナダ人に関するある論文には、夫婦だけの余暇の時間を持つことで、「夫婦の関係に絶大な効果がある。心の若々しさを取りもどし、子育てに新たなインスピレーションがわく」と書かれている。でも、夫婦がそんな時間をつくるのがむずかしい。研究者たちは、「（被験者の）多くは、夫婦のパートナーシップよりも子どもの要求がつねに優先、という周囲の風潮に重圧を感じている」と結論づけた。ある夫は、妻と話をするときに「ほぼ一分おきに」子どもたちに邪魔をされると語った。[*23]

これはもちろん、英米の中流家庭で、放課後の習いごとに力を入れる教育法が主流となった結果である。そのせいで、余暇が奪われ、子どもの成長が家族の最優先、という風潮が助長されるのだ。アメリカやイギリスに行くと、これをあちこちで目にする。私のいとこ（看護師で四児の母）は、子どもたち全員を学校や体操教室、陸上競技会、教会に送りだす一週間が終わると、夫（警察官で夜勤をしている）ともども、疲れ果てて、外出する気にさえならないという。マンチェスター出身の学校教師の女性は、よちよち歩きの息子を自分のハネムーンに連れていった。実母が世話を買って出てくれたのに、「置いていくのが申し訳ないから」とのことだ。

英米人のママなら、だれでも一度は、「子どもを預けたがらないママ友」の教訓的な逸話を耳にしたことがあるはずだ。これは都市伝説ではない。私はしょっちゅう、そういうママに出くわす。結婚式に出席したとき、席が隣だったコロラド州から来た子どもが三人いる専業主婦の女性は、フルタイムのベビーシッターを雇っているにもかかわらず、ベビーシッターだけにまかせて子どものそばをはなれたことが一度もないと言った（夫は、子どもの世話をするために式を欠席した）。ミシガン州出身の芸術家の女性は、息子が一歳になるまでは、ベビーシッターを使う気にならなかったと話してくれた。「あんなに小さい子を……初めての子どもだし、神経質になっていたの。息子をだれかに預けるなんて、考えただけでも……」と、彼女は言葉尻《ことばじり》を浮かせた。

サイモンも私も、ベビーシッターに反対ではない。でも、双子の息子が産まれてからは、二時間以上外出したことがない。コロラド州のママと同じように、ベビーシッターをオムツ替えや洗濯のアシスタントのように使いながら、基本的には家にいる。

　このやりかたは、家計にひびくと同時に夫婦関係を破壊させる怖れがある。私はほとんどの時間を「とげとげした」気分ですごす。ベビーシッターが到着する予定時間の一五分前に、携帯電話にメールが入ると、まさか遅刻の連絡じゃないわよね、とパニックになる。


　もちろん、赤ちゃんが生後三か月までに朝までぐっすり寝てくれて、子どもがひとり遊びをしてくれて、親が次から次へと習いごとの送り迎えをせずにすむなら、夫婦円満になりやすいはずだ。でも、秘密はそれだけではない。フランス人夫婦は、たとえ小さな子どもがいても、ロマンスに関する考えかたがちがうのだ。そのことに気づいたのは、私の担当の産科医が、「ペリネ（会陰／骨盤底筋）のリハビリ」なる一〇回コースの講座の処方箋を出してくれたときだった。その女性医師は、ビーンが産まれてから、そして双子の息子の出産後にも、この処方をしてくれた。

　初回の講座を受けるまで、自分にペリネがあることも、その正確な位置についても、あまり意識していなかった。ペリネとは、骨盤底部のハンモック状の部位のことで、妊娠中や出産時にしばしば広がる。ここが伸びることで、産道がわずかに「ゆるく」なり、咳《せき》やくしゃみをしたときに、少し尿がもれる原因になる。それを予防するために、イギリスのマタニティクラスでは、自分で骨盤底筋のトレーニングをするように勧められる。実践しているママもいるだろう。

フランスでは、骨盤底筋を回復することが非常に重要視されている。友人の話では、フランス人の産科医は、ペリネのリハビリのレッスンを受講させる必要があるかを判断するために、「『ムッシュ（ご主人）』は満足していますか？」と質問するそうだ。

私の「ムッシュ」も、ペリネにアクセスできれば満足するだろうに。息子たちが産まれてから一年ほど、このエリアは休閑中だ。酷使されることはない。サイモンが私の乳房付近に手を伸ばすと、まるで火災警報器が作動したみたいに母乳がふきだすからだ。それに、睡眠を取るほうが優先だ。

ペリネのリハビリに興味をそそられたので、試してみることにした。私にリハビリをほどこしてくれるひとり目の先生は、モニカという名前のスリムなスペイン人。マレ地区のオフィスで行われた最初のレッスンは、四五分間のインタビューから始まった。モニカは、トイレでの習慣や性生活について、何十もの質問をした。

そのあとモニカが、白くて細い棒を見せてくれた。まるでアダルトショップで売っていそうなこの器具は、からだに挿入して電気を流し、筋肉に刺激を与えるもの。レッスンが一〇回目になるまでに、脚のつけ根に電極を貼り、コンピュータ画面のオレンジ色の線が一定値を超えつづけるように、自力で筋肉を収縮させる、という一種のビデオゲームに挑戦させられる。

ペリネのリハビリは、ものすごくプライベートなのに、やけに医療的でもある。レッスンの間、モニカと私は、お互いに「vous（あなた）」を使って呼びかけていた。フォーマルに呼びあいながらも、モニカは、私のからだに手を置いて、目を閉じてお腹の筋肉を動かすことに集中してください、と指示をする。ちなみに担当医は、腹筋のリハビリの処方箋も書いてくれた。双子を出産して一年以上経つのに、腰まわりがぽっこりしていることに気づいたからだ。

フランス人の女性の全員が、産後にリハビリをするわけではない。でも、する人が多い。フランスの国民健康保険が、リハビリの全額あるいは大半をカバーするからだ（白い棒の代金も）。ママのお腹が恥骨の下まで垂れていたり、性生活に支障が出るときなど、政府が腹部の美容整形代を援助してくれる場合もある。

こういったリハビリによって、ママたちはふたたび「現役」に戻る。お腹と骨盤底筋が戦力になる形に戻ったフランス人女性は、なにを始めるのだろう？

子育てに専念する人もいる。でも、アメリカやイギリスとはちがい、それが奨励されたり報われたりする社会ではない。むしろ、子どものために結婚生活や性生活を犠牲にするのは、怖ろしく不健康でバランスを欠いていると考えられている。

フランス人は、出産でさまざまなことが変化する（とりわけはじめのうちは）と知っている。カップルは、産後に、赤ちゃんにかかりきりになる緊迫した期間があると考えるのがふつうだ。ただし、その後少しずつ、ママとパパは、ふたたびカップルとしての均衡を取りもどしていく。

「(フランスでは)すべての人間には欲望がある、というのが大前提です。欲望が長期にわたって消えることはありません。もしそうなれば、うつ状態なので治療が必要です」

そう説明するのは、社会学者でフランス人とアメリカ人の母親について研究するテキサス大学教授、マリー＝アン・スイゾーだ。

私が知るフランス人ママは、英米人の知り合いとはまったくちがう観点から「le couple(夫婦、カップル)」の話をする。「私にとって、子どもの前に夫婦ありきなの」と話すのは、ヴィルジニー。食べるものに「注意する」ことを私に教えてくれた、スリムな専業ママだ。

ヴィルジニーは芯がしっかりした、頭のよい献身的な母親だ。でも、三人の子どもがいるからといって、ロマンチックな生活を縮小するつもりはまったくない。

「夫婦がなによりも大切だわ。だって、自分で選べるのはパートナーだけよ。子どもは選べないもの。夫を選んだのはあなたよ。だから、彼との生活を大切にしなきゃ。夫婦の生活に興味を持てば、うまくいくわよ。とりわけ、子どもたちが巣だったあと、夫とうまくやりたいわよね。私にとっては、それが優先事項なの」

フランス人の親の全員が、ヴィルジニーの優先順位に賛同するわけではない。でも、一般的なフランス人の親にとって、問題となるのは、ロマンチックな関係を完全に復活させるか否かではない。再開する時期をいつにするかだ。

　英語圏の専門家も、親は自分の時間を持つべきだと指摘している。『*Dr. Spock's Baby and Child Care*（スポック博士の育児書）』（友人のディートリントが、パリにわたる前に私にくれた）には、「不必要な自己犠牲と過剰な先入観」と題された二段落のセクションがある。現代の若い親は「あらゆる自由と以前の楽しみを、『現実の問題』というより『主義』として、あきらめてしまう傾向にある」。こういった親は、時おりふたりでこっそり出かけても、「罪悪感がありすぎて、存分に楽しめない」。充実したふたりの時間を見つけることを勧めつつも、「子どもに必要な時間と労力をたっぷりと捧げてから」にするように、と書いてある。

　フランス人の専門家は、カップルの充実した時間を補足事項のように扱わない。それは、明白で譲れないものなのだ。おそらく、子どもを持つことが結婚生活を損なう可能性があることを、率直かつ楽観的に受け止めているからだ。

　フランス人の親は、家に引きこもる時期が終わると、真剣に「カップルの世界」を模索する。フランスでは実際に、一日のなかに「大人の時間」または「親の時間」と称するひとときがある。子どもが眠ってからの時間のことだ。おとぎばなしを読んで歌をうたったあと、フランスの親がベッドタイムを厳守させることも、「大人の時間」への期待の説明となるだろう。彼らにとって「大人の時間」はめったにない特権ではなく、基本的な人間の欲求なのだ。ブルターニュ在住の美術史家ジュディスは、三人の幼い子どもたちが全員八時か八時半に眠る理由を「私にはひとりでいられる世界が必要だから」と説明する。

フランス人の親は、はなれる時間を持つことは親のためだけではない、と考えている。親にも楽しみがあることを子どもに理解させるのが重要だと、心から信じているのだ。前出の子育てガイド『*Votre Enfant*（あなたの子ども）』には、「こうして子どもは、自分が世界の中心ではないことを学びます。それは、子どもの発育に欠かせないことです」と書いてある。

フランスの親は、カップルで夜をすごすだけではない。ビーンの学校が始まると、学期中に、二週間もの長い休暇が入るようになった。この時期は遊ぶ約束をするのがむずかしい。ビーンの友だちのほとんどは、郊外や田舎の祖父母の家に滞在するからだ。一方で親はこの休暇を、仕事や旅行やセックスに使ったり、ふたりきりでのんびりすごすことにあてる。

ヴィルジニーは毎年、夫とふたりだけの一〇日間の休暇をすごす。この計画は、絶対に譲れない。四歳から一四歳までの子どもたちは、パリから電車で二時間ほどの小さな村にある彼女の両親の家に滞在させる。休暇を計画することに、罪悪感はないという。「この一〇日間でふたりの絆《きずな》が強くなることは、子どものためにもなるの」。子どものほうも、ときどきは親との距離を置く必要がある、とヴィルジニーは話す。旅行のあとに家族全員が再会したときは、とても盛りあがるそうだ。

フランスの親は、子どもが家にいるときでさえ、「カップルの時間」をつくっている。三歳から六歳まで三人の子どもがいる四二歳の女性は、週末の朝は「私たちがドアを開けるまで寝室に入らせない」と教えてくれた。子どもたちのほうも、それまでの時間は、子どもだけで遊ぶようになったそうだ（この神業に感心したサイモンと私は、試してみることにした。うれしいことに、数週間おきに子どもたちに教えなおす必要があるものの、たいていは成功している）。

いわゆる「夜のデート」のコンセプトを、フランス人の仕事仲間に説明するのはむずかしい。そもそも、フランスでは「デート」をしない。ふたりで出かけるようになった時点で、自動的に本命の恋人になるからだ。フランス人の友人いわく、「デート」という言葉は暫定的で、就職の面接のようなニュアンスなので、ロマンチックな感じがしないそうだ。カップルがいっしょに暮らすようになっても同じで、「夜のデート」という言葉の持つ、ジャージのパンツから突然ハイヒールにはきかえるような語感が、フランス人の友人には不自然に響くらしい。「日常生活」は色気がなく疲れるものであり、「ロマンチックな時間」を、まるで歯医者の予約を取るように予定に組みこむことに、違和感があるのだ。

アメリカ映画の『*Date Night*』（邦題『デート＆ナイト』）がフランスで上映されたとき、

『クレイジー・ナイト』とタイトルが変更された。映画の主人公は、典型的な郊外に住む子持ちの夫婦だ。アメリカ人とイギリス人の批評家は、問題なくふたりに共感できた。AP通信社のライターはこの夫婦を「退屈で平凡だがそれなりに満足している」と描写した。冒頭に、ある朝ふたりが目を覚ますと、子どものひとりがベッドで跳びはねるシーンがあった。フランスの批評家は、こういった場面をおぞましく感じ、『*Le Figaro*』紙の批評家は、映画に登場する子どもたちを「耐えがたい」と評した。

朝に夫婦のベッドで跳びはねる子どもがいないとしても、フランス人の女性は、アメリカ人の女性よりも不満が多いはずでは？　というのも、イギリスとアメリカに比べて、男女平等の主だった指標——女性が議員や大企業の役員に占める割合など——で、フランスは後れを取っているからだ。[*24] 男性と女性の収入格差も、私たちより大きい。

フランス人の不平等がとりわけ目立つのが、家庭内である。フランス人の女性は、家事と子どもの世話に、男性よりも八九パーセント多くの時間を使っている。アメリカでは、女性は家事の時間が男性より三一パーセント、[*25] 子どもの世話の時間が二五パーセント多い。[*26]

それにもかかわらず、子どもがいる女友だちに関して言うと、フランス人よりも、イギリス人とアメリカ人のほうが、はるかに夫やパートナーに不満がある様子だ。「彼ったら、私が頼んだことを上手にやろうという努力さえしないの」。夫について、そんなメールを送ってきたのは、友人のアーニャだ。「彼のせいで、私はガミガミ文句を言うはめになるの。いったん怒ると、頭を冷やすのが大変だし」。ディナーパーティのときに、アメリカ人の友人知人が、ちょっと私を隅へと呼び出して、夫が今したことを愚痴るのは、よくあることだ。ランチ会のおしゃべりが、「自分がいなければきれいなタオルも、枯れていない観葉植物も、対になったソックスもない」という文句だけで終わることもある。

サイモンは、努力という点ではよくやってくれている。しかし、息子たちが産まれてから、サイモンの不器用さを、「そういうところも魅力なの」と思えなくなった。サイモンがオレンジジュースを注ぐ前にボトルを振っていないことが、結婚生活を左右するような気分になる朝もあった。

ケンカの大半は、食べもののことだ（「サイモンにガミガミ言わない」と書いた紙を台所にも貼った）。サイモンが、好物のチーズをラップせずに冷蔵庫に入れるので、たちまち乾いてしまう。双子の息子、レオとジョーイが少し大きくなったころ、レオの歯みがきの最中にサイモンが電話を受けた。歯みがきを引きついだ私は、レオが乾燥アンズをまるごとひとつ、口に入れていたことに気がついた。サイモンに文句を言うと、私の「ルールが細かい」せいで、やる気が出ないと言われた。

英米人の女友だちで集まると、たちまち、パートナーの男性についての愚痴が始まる。ところが相手がフランス人の女性だと、この手の愚痴は一切出ない。フランス人の女性だって、母と妻と働く女性を同時にこなして、疲れているはずだ。なのに夫を反射的に責めない。少なくとも、アメリカ人女性がよくやるように、毒づくことはないのだ。

フランス人女性のほうが、秘密主義なだけかもしれない。でも、知り合いのフランス人ママたちは、こんなはずじゃなかった、とこっそり憤慨しているようには見えない。彼女たちの不満は、パートナーへの怒りとして表れないのだ。

ひとつには、フランス人女性が男性に、自分と対等であることを期待していないからだ。フランス人女性は男性を、ちがう人種と見なしている。男というものは、ベビーシッターの予約や、テーブルクロスの買いもの、産科医の診察の予定を覚えるのが、生まれつき苦手な人種なのだ。

フランス人女性たちがパートナーの出来の悪さを語るとき、男は不器用でかわいい、という笑い話になる。「とにかくできないのよ、私たちのほうが上等ってわけ！」。ヴィルジニーが冗談ぽく言うと、聞いていた女友だちがくすくす笑う。べつのママは、ころころと笑いながら、夫が娘の髪をとかさずにドライヤーで乾かしたので、娘が感電したみたいな頭で学校に行くはめになった話をしてくれた。

こういった反応が、好循環を生む。フランス人女性は、男性の欠点やミスについてくどくど言わない。だから男性は、やる気をなくさない。妻に対してますます寛容になり、家のなかのこまごましたことを上手にこなし、几帳面《きちょうめん》に管理する手腕をほめたたえるのだ。

妻のほうは、賞賛されることで、不平等に対してがまんがきく。緊張感や恨みが蓄積されがちな英米人の家庭とはひと味ちがう。パリジェンヌのママであるカミーユは「うちの夫ったら、『僕はきみのようにはできないよ』って言ってくれるのよ」と誇らしげに話してくれた。英語圏出身のフェミニストには受けいれがたい文脈だが、このほうが、うまく物事が運ぶような気がする。

パリジェンヌにとって、男女平等は一般的ではない、ということがわかった。もちろん、いつか変わる日が来るかもしれない。でも今のところは、知り合いのママたちは、うまくやっていくためのバランスを探ることに力を入れている。三人の子どもがいるロランスの夫は、平日に長時間働いている（経営コンリルタントのロランスは、パートタイム勤務に切りかえた）。以前は、週末はどちらがなにをするかで、しょっちゅうケンカをしていた。でも最近ではロランスが夫に、土曜日の午前中に合気道のレッスンに行くように勧めている。夫がリラックスして帰ってくるからだ。ロランスは、パートナーがおだやかで機嫌がよくなるのなら、子どもの世話の時間が少し増えてもいいと思っている。

またフランス人のママは、自由な時間が増えてストレスが減るのと引きかえに、相手をコントロールするのをあきらめたり、自分の基準を引き下げたりするのが上手だ。私が、サイモン[*28]と息子たちをパリに残して、ビーンとふたりで一週間アメリカに帰るという話をすると、ヴィルジニーはこんなことを言った。「だったらだんなさまに言っておかなきゃね。『私が家に帰るころには、一週間分の洗濯物が山積みになっているんでしょうね』って」

かないそうもない男女平等をあきらめ、厳格なフェミニストの基準を引き下げれば、都会に住むフランス人の夫も子どもの世話や料理や皿洗いをしている、というデータを、さらに楽しく読むことができるだろう。二〇〇六年のフランスでの調査[*29]によると、乳児を持つ父親のうち、赤ちゃんの世話を平等に分担している人は一五パーセント、主に担当している人は一一パーセント。でも、補助的な役割を積極的にこなす父親は、四四パーセントいる。ヨレヨレの愛らしい格好で、土曜日の朝にベビーカーを押して公園に行き、帰りにスーパーの袋をさげて帰ってくるのは、きっとこういう父親だ。

最後のカテゴリーに分類される父親は、とりわけ家事と料理に内容を絞りこむことが多い。フランス人のママの話によると、夫の担当は子どもの宿題をみたり、皿洗いをするなど、分野が限られているそうだ。分担をはっきりと絞ることが秘訣なのかもしれない。それともフランス人の夫婦のほうが、結婚を宿命だととらえる気持ちが強いのだろうか。

私たち家族は、週末のお呼ばれで遠出をした。フランス人の友人、エレーヌとウィリアム夫妻の別荘だ。夫妻にも、双子ともうひとり子どもがいる。頬《ほお》がふっくらして背が高く、水色の瞳をしたエレーヌは、シャンパーニュ地方の主要都市ランスの出身だ。休暇用の家は、ベルギーとの国境に近いフランス北部のアルデンヌにある。

　エレーヌとウィリアムは日中はずっと、熱心に子どもたちの世話をしていた。でも、私たち家族が滞在している間は毎晩、子どもたちが寝てしまうとすぐに、タバコとワインを取りだして、ラジオをつけ、「大人の時間」を持った。いっしょにいることを楽しみ、暖かい夏の夜を楽しんでいた。

　週末になると、ウィリアムは子どもといっしょに早起きをした。ある朝、サイモンが赤ちゃんの世話をしている間に家を出て、焼きたてのパン・オ・ショコラとカリカリのバゲットを持ちかえった。ようやく階段をおりてきたエレーヌは、パジャマ姿で、愛らしいくしゃくしゃの髪のまま、朝食の席に着いた。

「うれしいわ、このバゲット、大好きなの！」

　エレーヌは、買ってきてくれたバゲットを見るなり、夫のウィリアムにそう言った。なんてシンプルで、かわいらしい、素直な言葉だろう。自分がサイモンにそんなことを言うなんて、想像できない。私がサイモンに言うのは、頼んだのとちがうバゲットを買ってきた、とか、散らかしたまま出ていくから掃除が大変だわ、とか、そんなことだ。朝一番に夫のおかげでうれしくて笑顔になるなんて、ありえない。まるで少女のような「このバケット、大好きなの」というよろこびは、悲しいかな、私たち夫婦には存在しない。

　アルデンヌから車で帰る途中に、戦没者の慰霊の石碑が時おりまじる、黄色い花が広がる野原を通りぬけながら、このバゲットの逸話をサイモンに話してきかせた。「僕たちも『このバケット、大好きなの』をもっとやらなきゃね」と、サイモンが言った。そのとおり。私たちも、そうしなくちゃ。

第九章
フランス流の食育はおどろきの連続

双子について、「どうやって授かったの？」以外でよく質問されるのが、「ちがうところはどこ？」だ。相違点をすべて把握している親もいる。マイアミの公園で会った二歳の双子の女の子のママは、「こっちは『与えたがりさん』、こっちは『ほしがりさん』。相性がぴったりなの！」と言っていた。

レオとジョーイの場合、相性ぴったりとは行かない。まるで老夫婦のように、はなれられないくせに、しょっちゅう口ゲンカをしている（サイモンと私から学習したのかもしれない）。言葉が出るようになってから、ふたりのちがいがますますはっきりしてきた。肌が浅黒いレオは、数か月の間、単語をぽつぽつと話す以外はしゃべらなかった。ところがある夜、夕食のときに、くるりと私のほうを向き、ロボットみたいな硬い声で「ぼくは、いま、たべています」と言った。

レオが現在進行形の表現をマスターしたのは、偶然ではない。レオは、現在進行形で生きている。つねに動いていて、すばしこい。レオはどこでも歩かない。走るのだ。私は、聞こえてくる足音の速さで、レオとジョーイのどちらが近づいてきたのかを判別できる。

ジョーイが好きなのは所有格だ。「ぼくの」うさぎ、「ぼくの」ママ。まるで老人みたいに動きがゆっくりなのは、大事にしている持ちものといっしょに移動したがるからだ。好きなアイテムは変わるけれど、いつも数が多い（小さな泡だて器を持って寝ていたこともあった）。ついに、あらゆるものをかばんふたつに入れて、部屋から部屋へと引きずるようになった。レオは、それを失敬して走って逃げるタイプ。ふたりの息子をひとことで表現するなら「ほしがりさん」と「ためこみさん」だろうか。

ビーンはいまだに命令形が好きだ。もはや先生のせいにはできない。ビーンには指示を出すのが似合っている。しょっちゅう、なにかをよくするため（たいていは自分のため）に声をあげている。サイモンはビーンのことを「組合長」と呼んでいる。たとえば「組合長さんは、夕食はスパゲティがいいらしいぞ」と。

フランス流の習慣を仕こもうなんてビーンひとりでも大変なのに、家に三人の子どもがいる今、私たち夫婦だけでフランス流の「枠組み」をつくるのは、ますます大変だ。それに、さらなる急を要する。私たちが子どもたちをコントロールしなければ、子どもたちにコントロールされてしまう。

そんな私たちが成功しつつある分野が、食べものだった。食べものといえば、もちろんフランス国民のプライドの源であり、フランス人が大好きな話題。フランス人の同業者は、ランチタイムの大半を、夕食になにを食べるかの話題に費やしている。サイモンが、フランスのサッカーチームの仲間と試合後にビールを飲みにいくと、女性ではなく食べものの話題になるそうだ。

子どもたちの食習慣がフランス流になっていることがはっきりするのは、アメリカに旅行したときだ。私の母は、アメリカ料理の定番、箱入りのマカロニチーズをビーンに食べさせようと、張りきっていた。ところがビーンはふたくちしか食べず、「これ、チーズじゃないわ」と言った。

アメリカに行くときは休暇中なので、外食が多くなる。プラス面は、アメリカのレストランはイギリスと同じく、フランスのレストランよりもはるかに子どもに優しいこと。ハイチェアにクレヨン、トイレにはオムツ替えテーブル、とサービス満点なのだ（パリにも、時おりこういったサービスが見られるが、この三つを同時にそなえた店は、まず存在しない）。

でも私は、アメリカのレストランでおなじみの「キッズメニュー」にぞっとするようになった。レストランのタイプに関係なく、シーフード料理、イタリア料理、キューバ料理でも、キッズメニューはどこもほぼ同じ内容なのだ。ハンバーガーにチキンナゲット、プレーンなピザに、ときにはスパゲティがついてくる。フライドポテトを数に入れなければ、野菜はほぼ皆無だ。たまにフルーツが出る。子どもは、ハンバーグの焼きかげんさえ、質問されない。法律のからみなのかもしれないが、ハンバーグはすべて、げんなりしそうな茶色にしっかりと焼かれて出される。

子どもを、味覚がじゅうぶんに発達していないように扱うのは、レストランだけではない。実家に戻ったとき、ビーンをランチつきのテニススクールに数日間通わせると、一〇人分の子どもの「ランチ」が、白い食パンひと袋と、アメリカンチーズがふた袋だった。

私が出すメニューが毎食パスタかハンバーガーでも受けいれてくれるビーンも、さすがに引いてしまった。「明日はピザですよ！」と、コーチのひとりが、はしゃいだ声を出した。

こちらでは、子どもは好き嫌いが多くて味覚が単純、という考えかたが支配的だ。チキングリル以上に複雑な料理をつくる親は、危険な賭《か》けをしていると思われてもしかたがない。この考えかたは当然ながら、結果を出している。アメリカとイギリスで会った子どもの多くは、好き嫌いが多く、味覚が単純だ。まるで、一種類の食品しかとらないダイエットのような食事を数年続けていることもしばしばだ。たとえば、アトランタに住む友人の息子は、ライスやパスタなどの白い食品しか食べず、もうひとりの息子は肉しか食べない。

このえり好みを、子育て社会は黙って受けいれている。それから、スナック菓子のこともある。英米人の友人親子といっしょのときは、プレッツェルや〈チェリオス〉の小袋が、間食としてしょっちゅう登場する。ニューヨークに住むフランス人ママのドミニクは、娘の託児所で一時間おきに食事を与えると知って、ショックを受けた。また、公園で一日中子どもにスナック菓子を与えている親を見て、おどろいたという。

「幼児がかんしゃくを起こすと、親は食べものをあげてなだめるの。食べものを、問題が起きたときに、気をまぎらわせる道具に使っているのよ」

フランスでは、根本からしてちがう。パリでは、ほとんどの買いものは近所のスーパーマーケットですませる。でも、パリでふつうに暮らしていると、子どもがブドウ糖果糖液糖や、賞味期限が長いパンを味わうことはない。フルーツ味のジュースのかわりに、本物の果物を食べる。新鮮な食品に慣れているので、加工食品は変わった味に感じるのだ。

前にも書いたように、フランス人の子どもは三度の食事と午後のグーテ（おやつの時間）にしか食べないのがふつうだ。午前一〇時の公園でプレッツェルはおろか、なにかを食べているフランス人の子どもを見たことがない。

フランスにも、キッズメニューのあるレストランが存在するが、たいていは街角の小さなビストロやピザ屋で、メニューに「今日のおすすめ」がなかったり、ステーキにフライドポテトが添えてあったりする店だ（友人のクリスティーヌは、「家ではフライドポテトを食べないので、子どもたちはここでしか食べられないと知っているの」と言う）。

でも、ほとんどのレストランでは、子どもは一般のメニューから注文することになる。私が以前、おしゃれなイタリアンレストランで、ビーンにトマトソースのスパゲティを注文したところ、フランス人のウェイトレスが、親切にもこんな提案をしてくれた。

「少し冒険なさってはいかがですか？　たとえば、ナスのパスタ料理はいかがでしょう？」

フランス人の子どもが、とりわけ野菜を多く食べたがるわけではない。食べものの好ももちろんある。それに、好き嫌いが激しいフランス人の三歳児は大勢いる。でも、ひとつの種類の食品しか食べない子どもには、会ったことがない。親は、子どもが望まないという理由だけで、食感や色や栄養が異なるさまざまな食品を除外しない。アメリカやイギリスではふつうだと見られている激しい好き嫌いは、フランス人の親にとっては、危険な摂食障害か、よくてもとんでもない悪癖だと見なされるのだ。

このちがいは、重要な結果につながっている。フランスの五〜六歳の肥満は、わずか三・一パーセント。イギリスでは、四〜五歳児の一〇パーセント近くが肥満だ。年齢が上がるにつれて、フランスとイギリスの子どもの差は、さらに広がるばかりだ。[*30]フランスの公園に五年間通っている私が、肥満と診断されそうな子どもを目にしたのは、一度きりだ（一時滞在の家庭の子だったのかもしれない）。

とりわけ食べものについては、フランス人の子育ての多くについてと同じ疑問を感じずにはいられない。フランス人の親はどうしているの？　どうすれば、子どもが小さな美食家になるの？　それなのにフランス人の子どもが太らないのは、どうして？　まわりにそういう子はたくさんいる。でも、フランス人の子どもが、どうしてそうなるのか、わからない。

ちがいは赤ちゃんの時点から始まっているような気がする。ビーンが生後六か月で、離乳食を始めようというときに、フランスのスーパーマーケットに、米粉が売っていないことに気がついた。私の母をはじめ、英語圏出身の友人の全員が、赤ちゃんに最初に与えるべき食材だと口をそろえる米粉が、ないのである。私はわざわざ健康食品の店まで出かけて、高価な有機栽培のドイツからの輸入品を買うはめになった。

あとになって知ったのは、フランス人の親は、離乳食を、無色でつまらない米粉から始めないこと。赤ちゃんには最初のひと口から、さまざまな野菜を与える。フランス人の赤ちゃんが最初に食べるのは、一般的に、蒸してすりつぶしたインゲン、ほうれん草、にんじん、皮をむいたズッキーニ、リーキの白い部分だ。

アメリカ人の赤ちゃんだって、もちろん野菜は食べる。初期から野菜を始めることもある。でも、私たち英米人は、野菜を、ビタミン摂取のために義務的に食べる食材と見なす傾向にあり、心のなかで「つまらない」項目に分類しがちだ。友人のひとりは、子どもがアボカドとブロッコリーを食べたことに舞いあがり、摂取できる栄養素を大声で列挙したと話していた。

ぜひ野菜を食べさせたい。その一方で、食べて当然とも思っていない。私たちはそういうスタンスだ。ベストセラーの料理本には、ミートボールや魚のフライ、マカロニチーズに、子どもに気づかれずに野菜をまぜこむテクニックが書かれており、親はそれを読んで勉強する。私は、友人が食事のあとに、子どもの口に、野菜をまぜこんだヨーグルトをスプーンで押しこむのを、見たことがある。子どものほうはテレビに夢中で、自分がなにを食べているのか気づいていない様子だった。「こんなこと、いつまでできるのかしら」と、その人はつぶやいていた。

フランス人の親は、野菜に対して、まったくちがった意図と意気ごみを持っている。それぞれの野菜の味をこと細かに説明し、子どものセロリやリーキとの出会いを、一生のおつきあいの始まりのように話す。「この子に、にんじんそのものの味を知ってもらいたいの。それからズッキーニの味も」と、ご近所のサミアはうっとりと話す。サミアは野菜や果物を、娘に対する初期の食育の基礎づくりであり、子どもを味覚という豊かな世界へいざなう手段だと考えている。

私が持っている英語で書かれた育児本には、食材によっては慣れが必要な味もある、という指摘がある。赤ちゃんが食べるのを嫌がったら、親は数日待ってから、同じ食材を与えましょう、と書かれてあり、英語圏の友人も私も、全員がそうしている。でも、二、三度やってみてうまくいかなければ、うちの子はアボカドなりスイートポテトなりほうれん草なりが嫌いなのね、と思うのがふつうだ。

フランスでも同じように、赤ちゃんに同じ食材を何度も試す。でも、それはアドバイスを受けたからというよりも、親の使命である。子どもに味の好みがあるのは当然としても、すべての野菜に豊かな味わい深さがあるので、その愉《たの》しみを子どもに伝えるのが、親の仕事と考えているのだ。子どもに、眠りかたや待つことや「ボンジュール」の挨拶を教えるのと同じ。親は、子どもに食べかたを教える義務があるのだ。

とはいえ、さまざまな食材を与えるのはかんたんではないし、だれもそうは考えていない。フランス政府の発行する子どもの食事に関する無料のハンドブックには、「新しい食材を発見してよろこぶ赤ちゃんもいます。あまりよろこばない赤ちゃんの場合、さまざまな食材に慣れさせるのに、少し時間がかかります」と、個人差があることが書かれている。しかしハンドブックでは、赤ちゃんに新しい食材を粘りづよく勧め、赤ちゃんが三回以上拒否しても、あきらめないで、とあった。

フランス人の親は、ゆっくりと進める。ハンドブックの提案は、「お子さんに、ひと口だけ食べるようにうながしてから、次の食材に進みましょう」。それから、拒否した食材の穴埋めとしてほかの食材を与えるのは、絶対にやめること。子どもが食べないときは、冷静に反応する。

長い目で子どもの味覚を育てていく。そのことは、ロランス・ペルヌーの有名な子育て本『*J'élève mon enfant*（私の子育て）』にも記されている。赤ちゃんの離乳食についての章のタイトルは、「子どもは、少しずつ、あらゆる食材を食べることを学びます」とある。「アーティチョークを嫌がる？　ここでも待ってあげることが大切です。数日後、もう一度試してみましょう。たっぷりのピューレ（たとえばじゃがいもの）に、少しだけアーティチョークを入れてみてください」と、ペルヌーは書いている。

政府のハンドブックには、同じ食材をさまざまな料理法を使って与えましょう、と書いてある。

「蒸す、焼く、クッキングシートで包む、グリルする。味をつけなかったり、ソースを添えたり味をつけたり。お子さんは、さまざまな色、食感、香りを発見するでしょう」

ハンドブックでは、会話を役立てることも提案している。「大切なのは、お子さんを安心させ、新しい食材について教えてあげることです」。食材について「好き」か「嫌い」か以上の話をすべきなのだ。たとえば、子どもに野菜を見せながら、「これ、パリパリしてると思う？　かむと音がするかな？　これに似た味をなにか知ってる？　口のなかがどんな感じ？」と質問する。また、「味見ゲーム」も提案している。たとえば、種類がちがうりんごを食べさせて、子どもに、一番甘いのはどれか、一番すっぱいのはどれかを見分けさせる。また、親が子どもに目隠しをして、すでに味を知っている食材を与えて、なにかを当てさせるゲームもできる。

食事のときは、子どもに明るく冷静に接する。なによりも大切なのが、子どもがひと口も食べなくてもあきらめないこと。私が読んだすべてのフランス語の育児本に、そう書かれていた。政府のハンドブックには、こう説明されている。

「強制してはいけません。でも、あきらめずに与えつづけてください。お子さんは少しずつ慣れ、食べるようになります……そしてまちがいなく、味わうようになるのです」

フランス人の子どもの食のすばらしさについて、さらなる知識を得るために、私はパリの「メニュー委員会」に参加した。毎週月曜日にビーンのクレイシュに掲示される洗練されたメニューを審査しているのが、この委員会なのだ。目的は、むこう二か月分のパリ市内のクレイシュで出されるランチを、徹底的に検討することだ。

おそらく私は、この会議に出席した初めての外国人だ。会議は、セーヌ河岸にある政府関連の建物の窓のない会議室で開かれる。議長をつとめるのは、パリのクレイシュの主任栄養士のサンドラ・メルルだ。メルルの代理人や、ほうぼうのクレイシュで働く六人ほどのシェフも出席している。

委員会は、子どもと食に関するフランス人の考えかたの縮図だ。レッスンその一、「キッズメニュー」なるものは存在しない。ある栄養士が四皿のコースランチなどのメニューの候補を読みあげたが、フライドポテト、チキンナゲット、ピザ、そしてケチャップさえ出てこない。ある金曜日のメニュー案は、赤キャベツのみじん切りとフロマージュ・ブラン（白いチーズ）。白身魚のメルルーサ（タラの一種）のディルソースに、有機栽培ポテトの英国風を添えて。チーズの皿はクロミエチーズ（白かびタイプのやわらかいチーズ）。デザートは、有機栽培の焼きりんご。それぞれ、子どもの年齢に応じて、切りわけたりすりつぶしたりする。

委員会のレッスンその二は、多様性を重んじること。メンバーたちは、メニューからリーキのスープを外した。というのも、その前週に、リーキのメニューがあるという指摘が出たからだ。メルルは、一二月下旬に提案したトマト料理を、やはり重複を理由に外し、ボイルした赤いビートのサラダに置きかえた。

メルルは、見た目と食感の多様性も大切だと強調する。すべての料理が同じ色だと、クレイシュの所長から苦情が出るそうだ。メルルはシェフに、年長の子ども（つまり二～三歳児）にサイドディッシュとして野菜のピューレを出すなら、フルーツはまるごと与えるようにと念押しした。ピューレが二皿あると、赤ちゃんぽく感じるかもしれないからだ。

何人かのシェフが、最近の成功談を自慢げに教えてくれた。黒い巻き毛のシェフは、こう言った。

「ちょっとクリームをまぜて、イワシのムースをつくったんです。子どもたちが気に入ってくれてね。パンにつけていましたよ」

評判が高いのはスープだ。「子どもたちはスープが大好きです。どんな豆でも野菜でも」と、べつのシェフが言った。「リーキとココナッツミルクのスープは、すごく人気がありますよ」と、三人目のシェフが言いそえた。

メニュー委員会のもうひとつの指針は、初めて食べたときに子どもが好まない食材を、何度でも試してみることだ。これは意外なことではない。メルルはシェフたちに、新しい食材は段階的に取りいれ、さまざまな調理法を使うようにと、念を押している。たとえば、ベリー類は最初はピューレ状にして出すことが提案される。子どもたちになじみのある食感だからだ。そのあとは、小さく切って出してもよい。

ほうれん草については、あるシェフが「うちのクレイシュの子は、まったくほうれん草を食べないんだ。ぜんぶゴミ箱行きだよ」と不満をもらした。メルルは、ライスにまぜこんでおいしそうに見せることを提案し、つくりかたを全員が把握できるように、レシピのプリントをみんなに配った。「一年中ちがった料理法でほうれん草を出しつづければ、子どもはそのうち好きになります」と、メルルが安心させた。ほうれん草を食べる子がひとりいれば、ほかの子もあとに続くそうだ。

「これが食育の基本原則です」

野菜は、大きな課題だ。あるシェフが、「子どもたちが、クレームフレーシュかベシャメルソースに入れないと、緑豆を食べません」と発言すると、メルルは「ソースを使ったり使わなかったりと、うまくバランスを取りましょう」と提案した。そのあと、ルバーブ（ヨーロッパではよく知られる野菜。ジャムなどにする）についての議論がえんえんと続いた。

蛍光灯の下で二時間ほどすごした私は、少々疲れてきた。家に帰って夕食にしたい。でも委員会では、来たるクリスマスのメニューの検討が始まろうとしていた。

「フォアグラはだめですか？」。前菜について、あるシェフが提案をした。べつのシェフが、鴨《かも》のムースという意見を出した。私ははじめ、冗談かと思ったけれど、だれも笑っていない。そのあと、メインをサーモンにするかマグロにするかで討論が行われた（第一候補はアンコウだったが、メルルが値段が高すぎると却下した）。

チーズの皿はどうする？　メルルは、ヤギのチーズとハーブを却下した。秋の遠足で、ヤギのチーズを食べるからだ。やっとのことで、魚と、ブロッコリーのムースと、牛のミルクのチーズ二種のメニューに落ちついた。デザートは、アップルシナモンのケーキと、にんじん風味のヨーグルトケーキ、伝統的なクリスマス菓子「ガレット・デ・ロア」の梨《なし》とチョコレート風味だ（「伝統から脱線しすぎてはいけない。親はガレットを望むでしょう」という意見が出た）。その日の午後のおやつについては、メルルが、市販のチョコでつくったムースでは、祝祭感が薄いことを心配し、最終的に、より手のこんだショコラ・リエジョワー（ガラス容器にチョコムースを入れ、ホイップクリームを載せたデザート）に決定した。

そんな味は子どもの味覚には複雑だとか強烈だとかいう意見は、だれからも出なかった。それに、とんでもなく刺激の強い料理はひとつもない。ハーブはたっぷり入っているけれど、マスタードもピクルスもオリーヴも一切使っていないのだ。マッシュルームやセロリなど、種類の豊富な野菜はたっぷりと入っている。大切なのは、全員の子どもがすべての料理を気に入ることではない。子どもに、あらゆる食材を食べるチャンスを与えることだ。フランスでは、多種多様な野菜やほかの食材を何度も与えることは、多数の選択肢のひとつではない。子どもに食を教えるにあたっての大原則だ。ふつうのフランス人の親が、味という豊潤な世界が広がっていて、それを愉しめるように子どもたちを教育すべきという熱意を持っているのだ。

それはたんに、クレイシュというコントロールされた環境内だけで行われる理想論ではない。ふつうのフランス人家庭の台所やダイニングルームで、ふつうに行われているのだ。私がじかにこの目で見たのは、金融雑誌の発行者のファニーの家を訪ねたときだった。彼女はパリ東部の天井の高いアパートメントに、夫のヴィンセントと四歳のルーシー、生後三か月のアントワーヌと暮らしている。ファニーは、ぽっちゃりした顔立ちと思慮深いまなざしを持つ美人だ。通常は午後六時までに帰宅して、ルーシーに午後六時半にディナーを食べさせ、その間、アントワーヌはバウンサーに座って哺乳瓶からミルクを飲む。平日の夜は、ファニーとヴィンセントは、子どもたちが眠ってから食事をする。

ファニーは、ルーシーがクレイシュで食べているような、エンダイブとフダンソウの蒸し煮のような手のこんだ料理はめったにつくらない。それでも、毎晩の夕食をルーシーの食育と見なしている。ルーシーの食べる量については、それほどこだわらない。ただし、お皿に載ったすべての食材を、最低ひと口は食べさせるようにしている。

「かならずすべての食材を味見させるわ」と、ファニーは言う。これは、私が話をしたフランス人ママのほぼ全員が口にした、食についてのルールだ。

「味見の大原則」の延長上にあるのが、全員が同じメニューの夕食を食べることだ。選択肢も代替品もない。ファニーはこう言う。

「『なにを食べたい？』じゃなくて『今日の食事はこれよ』と言うわ。娘がぜんぶ食べなくても、かまわないの。ただし家族全員が同じものを食べるのよ」

イギリス人やアメリカ人の親なら、これを非力な子どもへの権力の行使だと見なすかもしれない。でもファニーは、そうすることがルーシーの自信になると考えている。

「分量はちがっても、みんなと同じものを食べれば、大人みたいな気分になるでしょ」

ファニーによると、英語を母国語とするお客さんは、食事中のルーシーを見て感心するそうだ。

「『どうして娘さんは、もうカマンベールとグリュイエールチーズとシュブレの区別がつくの？』ってきかれるの」

ファニーは、食事を楽しくする工夫もしている。ルーシーはもちろん、副料理長だ。週末はたいていケーキを焼くし、夕食づくりでも、料理のしたくやテーブルの準備などを手つだうそうだ。「手を貸すけれど、遊び感覚でやるの。毎日よ」と、ファニーは言った。

食事のとき、ファニーはルーシーに厳しく人差し指を振って「食べなさい」と命令することはない。いっしょに食べものについて話をする。よく話題にのぼるのが、チーズの味のこと。食事づくりに参加したルーシーは、出来ばえを気にかける。そこに連帯感が生まれる。もし失敗した料理があれば、「ふたりで笑いとばすの」と、ファニーは言う。

明るい雰囲気を保つために、食事時間は短くする。ルーシーは、すべての食材を味わったら、テーブルをはなれていい。（前出の）『*Votre Enfant*（あなたの子ども）』には、幼い子どもが同席する食事時間は三〇分を超えるべきではない、と書かれている。フランス人の子どもは、成長するに従い、食卓に長時間とどまることを学習する。そして、寝る時間が遅くなってくると、親といっしょに平日の夕食をとる機会が増えてくる。いっしょに食べることで、子どもはテーブルマナーや社交術、会話術を学ぶのだ。

夕食のメニューづくりは、バランスを考える練習になる。私が感心したのは、ファニーをはじめとするフランス人のママが、一日分の料理を頭の中で細かく計画するのが上手なこと。子どもが給食で、たんぱく質が豊富な重めの食事をとることを想定して、たいていのママは、夕食は、パスタなどの炭水化物に野菜を添える。

会社から大急ぎで帰ってきても、ファニーは涼しい顔でコース料理を出す。クレイシュと同じだ。前菜としてルーシーに与えるのは、にんじんの細切りのビネグレットソースなど、冷たい野菜。その次に出すメイン料理は、野菜を添えたパスタかライスが多い。魚や肉料理もたまに出すけれど、たんぱく質の摂取はほとんどランチにまかせている。

「（夜に）たんぱく質をとるのはなるべく避けるの。私自身がそんなふうに教えられてきたから。一日一度でじゅうぶんだそうよ。野菜に力を注ぎたいの」

冬には、バゲットとスープの夕食が多いという話も、複数のママから聞いた。バゲットのかわりに、少量のパスタを添えることも。お腹がいっぱいになるし、こちらも穀物と野菜がメインだ。スープには、野菜のピューレを入れる親が多い。これが夕食になるのだ。子どもは、朝や午後のおやつにジュースを飲むことはあっても、ランチと夕食のときは、常温か、少し冷やした水を飲む。

週末は家族で食事をする。私が知るフランス人家庭のほぼすべてが、土日の両日とも、家族で豪華なランチを食べている。子どもはほぼ毎回、料理や食事の準備に関わる。「ケーキを焼いて、料理をするわ。子ども用の料理の本もある。得意料理もあるのよ」。そう話すのは、医学倫理学者でふたりの娘がいるデニスだ。

これだけの準備をしてから、全員で着席して食事をする。（フランス人とアメリカ人の食文化の違いについて著した）『*Manger*（食べる）』の著者である社会学者のクロード・フィシュラーとエステル・マッソンによると、フランス人はデスクでサンドイッチをかじることを「食べた」うちに入れない。フランス人にとって「食べるとは、自分以外の人といっしょにテーブルに着席し、ゆっくりと時間を取って、同時に別のことをしない、という意味」なのだ。一方でアメリカ人は「食べる[*31]ことの主たる目的は、健康だと考えている」のだ。

ビーンの五歳の誕生日パーティで、私が「ケーキの時間よ」と声をかけると、それまでにぎやかに遊んでいた子どもたちが、さっとダイニングルームに入ってきて、テーブルの前に着席した。たちまち全員が「sage（賢く）」なったのだ。ビーンがテーブルの一番奥の席に座り、皿やスプーンやナプキンを配った。ろうそくに火をつけてケーキを運ぶ以外に、私はほとんどなにもしなかった。五歳までに、あらゆるタイプの食事できちんと着席する。これをフランス人の子どもたちは、ごく自然に、反射的に行うことができる。ソファやテレビの前、パソコン画面を見ながらの食事は論外なのだ。

家に「枠組み」がある利点のひとつが、しつけがだいなしになる心配をせずに、ときには枠からはみ出せることだ。デニスは週に一度だけ、七歳と九歳の娘に、テレビの前での夕食を許している。

フランス人の親は、週末と、ひんぱんにある学校休暇のときは、食事と就寝の時間に甘くなる。必要なときに、いつでも「枠組み」が取りもどせると信じているからだ。雑誌には、学校が始まったときに、いかに子どもを、ふだんの早めのスケジュールに上手に戻すか、という記事が載っている。友人のエレーヌ一家と休暇をすごしたとき、ランチの材料を買いにいった夫のウィリアムが一時半になっても戻らないので、私はちょっと心配になった。

でもエレーヌは、子どもたちは適応できると考えている。子どもたちも人間だ。私たちと同じように、少しぐらいはがまんができる。エレーヌがポテトチップの袋を開けると、六人の子ども全員がキッチンテーブルに集まってきて、それをつまんだ。そのあと子どもたちはふたたび外に出て、ランチができるまで遊んでいた。たいしたことじゃない。みんな、適応できるのだ。その少しあとに、木の下に出したテーブルで、ゆっくりとおいしい食事を全員で楽しんだ。

甘いお菓子をどう扱うかは、悩みの種だった。ビーンを初めて、パリのハロウィンパーティに連れていったとき、自分のそれまでのやり方を後悔した。ビーンは当時二歳。フランス人はこの祝日を、イギリス人ほどは容認していない（一度、パリで大人向けのハロウィンパーティに参加したら、女性は全員セクシーな魔女、男性のほとんどはドラキュラ姿だった）。毎年、パリ在住の英語圏出身のママのグループが、バスティーユ広場近くの〈スターバックス〉の最上階を占領して、部屋のあちこちに「トリック・オア・トリート」と言ってお菓子を配るためのブースを建てる。

みんなにお菓子をもらえるというコンセプトを把握したビーンは、すぐに、もらったお菓子を食べはじめた。二、三個つまむだけではなく、袋に入ったお菓子をぜんぶ食べようとし、部屋の隅に座って、ピンクや黄色や緑色のべたべたしたかたまりを、口につめこんだ。私はビーンに、もっとゆっくり食べなさい、と注意するはめになった。

甘いお菓子に対するビーンへの教育がまちがっていたのでは、と思ったのは、そのときだ。私はこのハロウィンより前に、ビーンにほとんど白砂糖を食べさせていなかった。私の知る限り、ビーンはくまの形のグミひとつ食べたことがない。私は、甘いお菓子などこの世に存在しないようなふりをしていたのだ。

でも、白砂糖は存在する。そのことを、フランス人の親は知っているのだ。彼らは、子どもの食事からあらゆるお菓子を除去しようとはしない。むしろ、スイーツを「枠組み」の範囲内におさめている。フランス人の子どもにとっては、お菓子が生活の一部になっているので、お菓子を与えられてもがっつくことがないのだ。たいていの子どもは、誕生日パーティと学校での特別なイベント、そして特別なごほうびとしてお菓子を食べている。そういった機会には、子どもたちは好きなだけ食べていいのがふつうだ。クレイシュのクリスマスパーティで、私が、男の子が砂糖菓子やチョコレートケーキを食べる量を制限しようとすると、保育士のひとりに引き止められた。自由にさせてあげてください、このパーティを楽しませてあげましょう、と、その保育士は言った。ふと、スリムな友人ヴィルジニーのことが頭に浮かんだ。平日は食事の内容に厳しく気を配り、週末には好きなものを食べる。子どもにも、ふだんのルールを守らなくていい時間が必要だ。

フランス人の子どもの生活のなかで、さらに日常的な位置づけにあるのが、チョコレートだ。フランス人の親は、チョコレートのことを、まるで食材のひとつ（ただし、量はほどほどに使う）のように話す。ファニーが、娘のルーシーの典型的な食事について説明するとき、メニューにクッキーかケーキも含まれる。「それからもちろん、チョコレートもほしがるわ」と、ファニーは話す。

エレーヌは、寒い日に子どもたちにホットチョコレートを与える。厚切りのバゲットを添えて朝食に出すか、午後のおやつにクッキーといっしょに出す。うちの子どもたちもお気に入りのフランスの子ども向けの本『*T'choupi*（チュッピー）』シリーズは、ペンギンをモチーフにしたキャラクターだ。このチュッピーが病気になると、ママは家で休ませてホットチョコレートを飲ませていた。また、近所の劇場に子どもたちを『三びきのくま』の観劇に連れていくと、くまたちが食べていたのはオートミールではなく、ブイー・オ・ショコラ（小麦粉でとろみをつけたホットチョコレート）だった。

「学校に行くのと引きかえにね。それに、元気が出ると思うの」と話すのは、医学倫理学者のデニスだ。〈マクドナルド〉を避けるし、夕食は毎晩手づくりするのに、朝食にチョコレートバーを一本ずつ、パンとフルーツといっしょに娘に与えている。

フランス人の子どもは、チョコレートを大量には食べない。小さなバー一本や、ドリンク一杯分、パン・オ・ショコラに入ったチョコレート一筋を、おかわりを期待せずに、よろこんで食べる。こちらでは、チョコレートは禁断のお菓子というよりも、むしろ滋養食品だ。ビーンは一度、学校のサマーキャンプの日に、チョコレートのサンドイッチを持ちかえったことがある。バゲットにチョコレートバーがはさんであった。私はおどろきのあまり、写真をとってしまった（のちに、ダークチョコレートのサンドイッチがフランスで定番のおやつだと知った）。

お菓子に関しても、やはりキーワードとなるのは「枠組み」だ。フランス人の親は、砂糖の入った食べものを怖れない。ケーキやチョコレートといった食品にさえ居場所をつくっている。一般的に、フランス人の親はケーキやクッキーをランチかおやつの時間に出すが、夕食時には子どもにチョコレートやリッチなデザートを与えない。「夜に食べたものは、何年も体内に残るんですって」と、ファニーは言う。

ファニーが夕食のデザートにふだん出しているのが、果物かフルーツコンポートだ。コンポートはしょっちゅう登場するデザートで、アップルソースにほかのフルーツのピューレがまぜてあり、無糖と加糖どちらもある。フランスのスーパーマーケットには「コンポート」のコーナーがある。ファニーは、あらゆるタイプのプレーンヨーグルトと、ルーシーがまぜるためのジャムも買っているそうだ。

フランス人の親は、食事の時間に子どもに確固としたルールを与えつつ、その範囲内で自由にふるまうことを許している。「テーブルに着席すること、すべての食材を食べること。そういったことを守ってほしいの。無理やり全部食べさせたりしないわ。でも、あらゆるものを味わって、最後までいっしょに座っていてほしいの」と、ファニーは説明する。

子どもたちにコースで食事を与えはじめた時期を正確には覚えていないけれど、今では毎食そうしている。フランス人のすばらしい発想を拝借したのだ。最初は朝食。子どもたちが着席すると、切ったフルーツを載せた皿をテーブルに出す。子どもたちがフルーツをかじっている間に、トーストかシリアルの準備。朝食のときはジュースを飲んでもいいけれど、ランチと夕食のときは水だ。「組合長」のビーンでさえ、この取り決めには文句を言わない。水を飲むと心もきれいになるわね、とみんなで話している。

昼食と夕食には、子どもが空腹のうちに、まっさきに野菜を出す。前菜に少しも手をつけないうちは、メイン料理を出さない。たいていはぜんぶ平らげてくれる。ちなみに、まったく初めての食材を出すときは、「どの料理も最低ひと口食べるルール」をほとんど使わない。レオは、初めての食材を食べなくても、言えばたいてい、においだけはかいでくれるし、すぐにひと口かじるようになる。

子どもたちは、お腹を空かせてテーブルに集まる。おやつ以外に間食をしないからだ。まわりの子も間食をしないのが助けになった。とはいえ、ここまで来るには鋼のような強い意志が必要だった。ただひたすら、食事と食事の間にパンやバナナをほしがる子どもたちに、ノーを言いつづけたのだ。そのうち子どもが大きくなり、ほとんど要求しなくなった。ほしがるときは、「だめよ、あと二〇分で夕食だから」と言った。子どもたちは、ひどく疲れているとき以外は、それで納得してくれた。スーパーマーケットでレオがクッキーの箱を指さして「グーテ（おやつの時間）」と言ったとき、自分のなかに達成感がわきあがってきた。

子どもの食事に「枠組み」をキープするのは、ときによってはかなり労力がいる。サイモンが出張のときなどは、前菜をパスして、パスタを入れたボウルをどんと置いて、それを夕食にするときもあるけれど、子どもたちはうれしそうに平らげてくれる。サラダをちょうだい、野菜をちょうだい、という文句の声は上がらない。

たいていは、子どもに選択権を持たせない。フランス人のママに倣《なら》って、子どもにさまざまな味やバランスのよい食事を教えるのが親である私の役目なのだと、納得したのだ（ただし、アメリカ人らしく、過剰なまでに熱心になりがちだ）。それと、やはりフランス人のママに倣って、一日分の献立のバランスを考えるようになった。フランス流の、昼食にたんぱく質を、夕食に炭水化物を多くとり、野菜はかならず食べる、というメニューを、たいていは守っている。子どもたちはパスタをたくさん食べるので、パスタの形やソースの種類にバラエティを持たせるように工夫している。時間があるときは、夕食に大なべいっぱいのスープをつくり（裏ごしをする気にはならないけれど）、ライスかパンを添えて出している。

食材が新鮮で、見た目がよければ、子どもたちの食欲も増すものだ。私は、子どものお皿に並べる色のバランスに気をつかい、夕食の配色がさびしいときには、トマトやアボカドのスライスを足している。カラフルなメラミン樹脂製のお皿をたくさんそろえているけれど、夕食には白いお皿を使う。料理の色を鮮やかに見せてくれるし、これから大人の食事をしますよ、という、子どもたちへの合図になるからだ。

子どもたちには、できるだけセルフサービスでやってもらうようにしている。息子たちがかなり幼いころから、パスタが夕食の夜は、パルメザンチーズの入ったボウルをまわして、自分でかけてもらうようにしていた。ホットチョコレートや、ときどきはヨーグルトに、自分でスプーン一杯の砂糖を入れるようになった。

こういったことをからだに覚えこませるまで、しばらくかかった。息子たちが食べるのが好きなので、助けられた面もある。クレイシュの先生のひとりが、ふたりを「gourmands（美食家）」と呼んでいた。たくさん食べることの、ていねいな言いかえ表現だ。先生によると、ふたりの好きな言葉は「encore（もっと）」。ふたりは、クレイシュで覚えたらしい、めんどうな習慣を身につけている。食事の最後にお皿をかかげて、終わったことを示すのだ。すると、ソースや残りものが、テーブルにこぼれてしまう（おそらくクレイシュでは、バゲットで液体をぬぐってからそうするのだろう）。

甘いお菓子は、わが家の「招かれざる客」ではなくなった。今では、ほどほどの量を与えているので、ビーンはお菓子が出るたびに、これが最後とばかりにがっつかなくなった。ひどく寒い日には、朝、子どもたちのためにホットチョコレートをつくっている。昨日のバゲットを電子レンジでちょっと温めてやわらかくし、スライスしたりんごを小さなお皿に入れる。子どもたちはこれを、ドリンクにつけて食べる。なんだかとても、フランスっぽい朝食に思える。

第一〇章
なにかがちがう、フランス人の親の叱りかた

レオ（浅黒いほうの息子）は、あらゆる行動がすばやい。運動神経がいいという意味ではない。ふつうの人間の二倍の速さで動くのだ。部屋から部屋へと全力疾走するので、二歳のころにはランナーのような体格になった。話しかたまで速い。ビーンの誕生日が近づいたころ、甲高いしわがれ声で「ハピバスデートゥユ！」と歌いだし、一曲を数秒で歌いおえた。

この小さな竜巻くんと格闘するのは大変だ。すでに私は、足の速さで追いぬかれている。公園に行くと、私も動きっぱなしだ。レオは、遊び場を囲むフェンスのゲートを、逃げるための出口だと思っているらしい。

フランス人の子育てに関して、もっとも感心したのは（そしておそらく、もっとも習得がむずかしいのは）親がかならず主導権を握るということだ。私が出会ったフランス人の親の多くは、落ちついたおだやかな態度で子どもに接していて、うらやましいとしか言いようがない。子どものほうも、きちんと親の言葉に耳を傾ける。走って逃げたり、口ごたえをしたり、長々と交渉を試みたりしない。フランス人の親は、いったいどんな手を使っているの？　私はどうやったら、この魔法のような主導権を手に入れることができるの？

日曜日の朝、近所のフレデリークが、子どもたちを連れて公園に来た私とレオとのやりとりを見て、助言をしてくれた。公園で会ったときのフレデリークは、ママになって三か月だった。

それでもフレデリークは、私に「教育」について教えてくれた。ママ歴は浅くても、フランス人である彼女は、「していいこと」と「いけないこと」について、私とはまったくちがう視点を体得していた。それが明らかになったのは、公園の砂場にいたときだ。フレデリークと私は、砂場のへりに腰をかけておしゃべりをしようとしていた。ところがレオが、ひっきりなしにゲートから走って出てしまう。レオがそうするたびに、私は立ちあがって追いかけて叱り、わめいているレオを引きずり戻した。いらいらする、疲れる作業だ。

最初のうち、このくりかえしを黙って観察していたフレデリークが、ちっとも恩着せがましくない口調でこう言った。

「しょっちゅうレオを追いかけて走っていたら、ほんの数分間座っておしゃべりするということ、ささやかな楽しみが持てないわね」

「そのとおりよ。でも、ほかにどうすればいい？」

フレデリークは、私がもっとレオに厳しく接すれば、レオは砂場をはなれるのがいけないことだと理解する、と言った。

「そうしないと、効きめがないわよ」

私は、レオを追いまわして午後をすごすのを「しかたのない」ことだと考えていた。フレデリークにとっては、「ありえないこと」なのだ。

フレデリークの戦略は、効果があるとは思えなかった。これまで二〇分間、何度もレオに「砂場をはなれちゃだめよ」と言いつづけたのだから。ところがフレデリークは、にっこりと笑ってこう言った。

「もっと強く『ノー』を言うのよ。本気で」

次にレオが走ってゲートを出ようとしたとき、私はいつもより厳しい声で「ノー」と言った。それでもレオは走っていった。私は追いかけて、引きずり戻した。

「ほらね？　やっぱり無理なのよ」

フレデリークはふたたびほほえんで、もっと確信を持って「ノー」を言わなきゃ、と応じた。私に欠けているのは、レオが耳を傾けてくれると信じる心なのだそうだ。「どならなくていいから、きっぱりとした口調で」とアドバイスされた。

そんなことをして、レオがおびえてしまわないだろうか。

「心配ないから」とフレデリークが、落ちついた態度で私をうながした。

その次も、レオは言うことをきかない。しかし私は、自分の「ノー」に確信がこもりはじめたことに気がついた。声高ではないけれど、自信のある声。自分とはちがうタイプの親を演じているような気分だ。

ようやく確信をにじませることができた四度目に、レオはゲートに近づいたものの、扉を開けなかった。奇跡が起こったのだ。レオがふり返り、警戒した目つきで私のほうを見た。私は、だめよ、といわんばかりに目を見ひらいた。

一〇分ほどすると、レオは抜けだそうとしなくなった。まるでゲートのことを忘れてしまったみたいに、ティナとジョーイとビーンといっしょに遊んでいる。フレデリークと私は、脚を伸ばしておしゃべりをはじめた。

レオが突然、私のことを権限のある人間だと見なした。私はそのことに、おどろいてしまった。

「ほらね。あなたの声のトーンがちがうのよ」

フレデリークは、勝ちほこった態度も見せずに、そう言った。

フレデリークは、レオに傷ついた様子がないことも言いそえた。その瞬間のレオは――おそらく生まれて初めて――フランス人の子どものように見えた。子どもたち三人全員が、とつぜん「sage（賢く）」なり、私は肩の力が抜けるのがわかった。今までこんな経験をしたことがなかった。もしかして、これがフランス人のママらしい態度なのだろうか？

ほっとしたけれど、ばかばかしい気分にもなった。こんなにかんたんにできるのなら、これまでの四年半、私はなにをしていたの？「ノー」を言うこと自体は、最先端の子育てテクニックではない。斬新《ざんしん》なのは、フレデリークが、ためらいを捨てて自分の権限に自信を持つようにアドバイスしてくれたことだ。彼女は、自分が受けたしつけと、その根底にある考えかたを言葉にしただけだ。まるで、それが常識だといわんばかりの口調で。

子どもを遊ばせながら、親は公園でゆったりおしゃべりする。フレデリークもまた、親が楽しいことが子どもにとっても一番だと確信している。たしかにそのとおりだ。私たちがおしゃべりをしていると、レオは三〇分前よりもはるかにストレスが少ない様子だ。逃げては閉じこめられるというサイクルをくりかえすかわりに、ほかの子どもたちと楽しそうに遊んでいる。

確信を持って「ノー」を言う。私はこの新しいテクニックを、今後は連発するつもりだった。ところがフレデリークによると、子どもに親の権威を尊重させる万能薬は存在しない。つねに更新が必要なのだ。

「これという決まりはないわ。親は言動を変えつづけなければ」

それは残念。だったら、フレデリークをはじめとするフランス人の親が絶大な権威を持っているのには、ほかに理由があるの？　どうやって毎日、そして夕食ごとに、権力を行使しているの？　私も、もっと権限が持てるようになれる？

サイモンの大学時代の友人は、三歳の娘の行儀の悪さを、「むかっときても、怒ることに罪悪感がある」から許してしまうそうだ。私の女友だちのひとりは、三歳の息子にかみつかれたときに、どなるのは「申し訳ないと思った」そうだ。どなれば息子は泣くだろう。だからなにも言わなかったという。

また英米人の親は、厳しくしすぎると子どもの創造的な精神をくじくのでは、と心配する。パリに遊びに来たアメリカ人のママは、私のアパートメントにベビーサークルがあるのを見てショックを受けていた。どうやら祖国では、ベビーサークルでさえ、今や「閉じこめすぎ」だと見られているようだ（知らなかった。パリでは必須アイテムなのに）。

しつけにおいて、正しい境界線はどこにあるのだろうか。それを見つけるのは至難の業だ。ベビーサークルに入れ、砂場に閉じこめることで、レオが将来、がんの専門医になる可能性をつぶしているの？　どこまでが表現の自由で、どこからが無意味な行儀の悪さなの？

知り合いの英米人の親の多くは、どっちつかずの立ち位置でまごついている。子どもに対して独裁者と女神の両方になろうとするのだ。その結果、しょっちゅう子どもと交渉をするはめになる。私が初めてそんな経験をしたのは、ビーンが三歳のときだ。テレビは一日に四五分まで、というのがわが家の新しいルールだった。ある日、ビーンがもう少し長く観たいと頼んできた。

「だめよ。もう今日の分のテレビは観たでしょ」と、私は言った。

「だけど、赤ちゃんのときはテレビをぜんぜん観てなかったもん」

ビーンが言いかえした。

＊＊＊

フランスでは、自由奔放なタイプの親でさえ、しつけが厳しいことを自慢げに話すし、親が家族のヒエラルキーの頂点にいると自覚している。革命を敬愛しバリケードによじのぼる国には、家族の食卓に「無政府主義者」はいないようだ。

ブルターニュ在住の美術史家で三児の母のジュディスは、政治的思想の上では「反権威主義」にもかかわらず、子育てに関しては、自分が絶対的にボスだ。「一番は親、子どもはその次よ」と、ジュディスは家族の序列を説明する。

「子どもと権力をわけあうなんて、ありえないわ」

フランスのマスメディアや少し上の世代の間では、「王さま化した子ども」シンドロームが侵入してきたと話題になっている。しかし、私がパリの親と話している限り、しょっちゅう耳にするのが「決定権は私が持つ」という言葉だ。少し軍隊風のバージョンなら「指示を出すのは私」。親は、子どもと自分の両者に、だれがボスかを確認するときに、このフレーズを使う。

英米人には、このヒエラルキーが過酷に思えることもある。パリ郊外に住むアメリカ人のロビンには、フランス人の夫との間にふたりの子ども、アドリアンとレアがいる。ある夜私は、ロビンのアパートメントで夕食をごちそうになりながら、よちよち歩きのアドリアンを小児科の診察に連れていったときの話を聞いた。アドリアンが体重計に乗るのを嫌がって泣いたので、ロビンがしゃがんでアドリアンに言って聞かせようとしたそうだ。

するとﾞ医者がロビンをさえぎり、「理由なんか説明しなくていい。子どもに『とにかくそうしなさい』『体重計に乗りなさい』と言ったら乗る。議論の余地はない』と言いなさい」と、告げた。ロビンはショックを受け、その後はべつの小児科医に診てもらうことにした。あまりにも厳しすぎると思ったからだ。

これを聞いていたロビンの夫のマルクが、「いいや、ちがうよ、先生はそうは言っていない！」と話に割って入った。パリ育ちでプロゴルファーのマルクは、権威を自然に身につけたフランス人の親、といった雰囲気だ。マルクが話しかけると、子どもたちはしっかりと耳をかたむけ、すぐに返事をしていた。

マルクが言うには、医者は横柄にいばっていたのではない。むしろその逆で、アドリアンの「教育」を手つだってくれていたのだ。おもしろいことに、マルクの記憶では、会話は以下のような内容だった。

「あなたは自信を持って子どもを体重計に乗せるべきです……多くの選択肢を与えてしまうと、子どもは不安になります。あなたが、すべきことを教えてあげてください……いいも悪いもない、とにかくこうするほかに選択肢がないことを、教えてあげるのです」

医者はさらにこう続けた。

「シンプルな行為ですが、これがすべての始まりです。世の中には、理屈がいらないこともあるのです。量る必要があるのだから、子どもを体重計に乗せる。以上！　それだけです」

マルクは、アドリアンがこの体験を不愉快に思ったことも、学習のうちだと言う。「人生、すごく気が進まなくても、しなきゃいけないこともあるからね」と、マルクは語った。

アメリカ人やイギリス人の親は、日が暮れるまで公園で子どもを追いかけつづけても、ディナーパーティの半分を子どもの寝かしつけに費やしても、しかたのないことだと考えがちだ。はがゆいけれど、それがふつうなのだと。

フランス人の親は、王さまみたいな子どもといっしょに住むのは、怖ろしくバランスを欠いており、家族全体によくない、と考える。そんなことになれば、親からも子どもからも、日常生活の楽しみの多くが奪われてしまう。「枠組み」を築くには多大な労力がかかるとわかっていても、そうしない選択肢は、受けいれがたい。フランス人の親は、夫婦水入らずの夜の二時間を楽しむためには、「枠組み」だけが頼りだと信じているのだ。

では、親はどうやって「枠組み」を形づくるのか？　そのプロセスは、ときには厳格に見えるけれど、たんに「ノー」を言えば「決定権は私よ」が確立できるわけではない。フランス人の親や教育者が「枠組み」を築きあげるもうひとつの方法は、ひたすら「枠組み」についてたくさん話して聞かせることだ。子どもに、なにが許されてなにがだめなのかを伝えることに、たっぷりと時間をかけるのだ。

話すことをつうじて、「枠組み」に存在感が生まれる。物理的に存在するかのような様相をおびてくる。上手なパントマイムが、本物の壁をつくりだすような感覚だ。ちなみに、「枠組み」に関する会話は、とてもていねいな口調で行われる。親は、たとえ赤ちゃんに対しても「プリーズ」をたくさん使う。

親がよく口にするのが「権利」という言葉だ。「ジュールを叩かないで」ではなく、「あなたにはジュールを叩く権利はない」と言うのが一般的だ。ここには、意味以上のちがいがある。このフランス流の言いまわしには、確固たる権利のシステムが存在し、それを子どもも大人と同様に口にすることができる、というニュアンスがある。また、子どもには「べつのことをする」権利が存在することも明確になる。

子どもはこの言いまわしを耳で覚え、お互いを監視している。幼い子どもが公園ではやしたてるときに使うフレーズは、「Oh là là, on a pas le droit de faire ça!（あーらら、そんなことをする権利はないぞ！）」だ。

大人が子どもにひんぱんに使う、もうひとつの言いまわしが「私は賛成しない」だ。たとえば、「あなたが豆を床に投げることに、私は賛成しない」。親はこれを、しっかりと子どもを見つめながら、真剣な口調で言う。この「私は賛成しない」にも、「ノー」以上の含蓄がある。大人がちがう意見を持つことを、子どもは考えざるをえなくなるからだ。また、子どもが豆について独自の見解を持つ――たとえ結果的に却下されるとしても――と認めたことになる。子どもは、自分の意志で豆を投げると決めた。だから、自分で決めてほかの行動を取ることもできるのだ。

この対応が、フランス人の子どもが静かに食事ができることにひと役買っているように思う。親も保育者も、騒ぎが起きてからお目玉を食らわすのではなく、しっかりと確立されたルールにもとづいて、礼儀正しい態度で、こまごました調整をたくさん取りながら予防することに、心を注いでいるのだ。

その様子を、私はクレイシュで見たことがある。一歳半の子どもたちの、ぜいたくな四皿のコースランチに同席させてもらったときだ。アンヌ＝マリー先生が各皿の料理を説明し、次に来る料理について子どもたちに伝えている。先生は、子どもたちの一挙一動を注意深く観察し、ちょっとした無作法を見つけると、声をあらげることなく、意見を述べた。

「スプーンでそういうことはしません」と、アンヌ＝マリー先生が、スプーンでテーブルを叩きはじめた男の子に声をかけた。そして、「ノー、ノー、ノー、チーズには手をつけません。あとで食べるのよ」と、べつの子どもをたしなめる。子どもに話すときは、かならず目と目を合わせている。

フランス人の親や保育者が、いつもここまで細かく監視しているわけではない。私が気づいたのは、食事中にはひときわ注意を払っているということだ。細かい作法やルールが多く、まちがったときのダメージが大きいからだろうか。アンヌ＝マリー先生は、食事の三〇分間、会話と優しい口調の厳しい注意をおりまぜながら、子どもを見守っていた。食事が終わるころには、子どもたちの顔は食べもので汚れていたが、床には、ほんのわずかなくずしか落ちていなかった。

マルクやアンヌ＝マリー先生のように、私が出会ったフランス人の親や保育者は、独裁者のようにふるまわずして権力を行使している。子どもを従順なロボットに育てようとはしていない。むしろその逆で、子どもの言いぶんにしょっちゅう耳を傾け、話しかけようとする。実際、主導権を握るのが上手な人は、ひとり残らず、子どもに頭ごなしではなく同じ目線で話しかけている。「なぜ禁止されているのか、その理由をかならず説明しなければいけません」と、アンヌ＝マリー先生が話してくれた。

フランス人の親に、子どもに一番なにを望むかとたずねると、「自分の肌の色に誇りを持ってほしい」「世界のなかに自分の道を見つけてほしい」といった答えが返ってくる。子どもが、自分の嗜好《しこう》や意見をはぐくむことを望んでいるのだ。実際、フランス人の親は、子どもが従順すぎると心配する。「caractère（個性）」を持たせたいのだ。

そして、こういった目標を達成するには、子どもは限度を尊重し、自分をコントロールできることが不可欠だ。だから、「個性」に加えて、やはり「枠組み」が必要なのだ。フランス人の親はそう信じている。

私としては、周囲がお行儀のよい子どもと期待度の高い親ばかりなので、大変なときもある。来る日も来る日も、双子の息子が大声でわめいたりぐずったりするたびに、身が縮む思いだ。エレベータとアパートメントのメインエントランスの間の中庭を通りぬけるときは、ほぼ毎回が大騒ぎだ。中庭に面した部屋に住んでいる数十人の住民に、「英米人のお通りだ！」とふれまわっているみたいなものだ。

クリスマス休暇中のある日、ビーンの同級生に、午後のおやつに招かれた。全員が着席すると（私には紅茶が出た）、ビーンが、ちょっとふざけるチャンスだと思ったらしく、ホットチョコレートをひと口飲んで、自分のマグカップに吐きだした。

なんて恥ずかしい。「やめなさい」と言ったものの、大騒ぎをして雰囲気を壊したくない。一方で、ホストのほうの三姉妹は、テーブルの前で行儀よく座ってクッキーをかじっている。ビーンの真似をする気配はない。

フランス人の親が「枠組み」を構築するプロセスはわかった。でも、子どもをはみ出させない状態を保つには、どうしているのだろう。

公園でのレオの出来事に力づけられて、私はいつも厳しく接するように心がけるようになった。でも、いつも効きめがあるわけではない。ねじをしめたりゆるめたりのタイミングが、よくわからなかった。

助言を求めて、ロビンとマルクの家で以前働いていたフランス人ナニーのマドレーヌとランチの約束をした。マドレーヌは、フランス西部ブルターニュ地方の小さな町に住みながら、現在はパリで夜間に新生児の世話をしている（その赤ちゃんは「夜のすごしかたを模索している最中」だという）。

六三歳のマドレーヌ自身も、三人の息子を持つ母親だ。小柄で、白髪まじりの茶色い髪と温かい笑顔の持ち主だ。フレデリークをはじめとするフランス人の親と同じ、ゆるぎない確信のオーラをはなっている。マドレーヌもまた、自分の方法論に静かな自信を持っていた。マドレーヌは席に着くやいなや、「子どもは甘やかされれば甘やかされるほど、不幸になります」と言った。

では、どうやって子どもを相手に威厳を保っているの？

「目を大きく見ひらくのよ」とマドレーヌは言って、テーブルごしに実践してみせてくれた。セーターと同色のピンクのスカーフを巻いたおばあちゃん風の婦人が、たちまちおっかないフクロウに変身した。ただの実演なのに、すごく説得力がある。

私も「フクロウの顔」を練習したい。サラダが運ばれてくると、ふたりで練習をした。

最初は、フクロウの顔をすると笑ってしまった。でも、公園でフレデリークと練習したときと同じく、確固たる態度のコツをつかむと、自分の変化を肌で感じることができた。すると、笑いたい気持ちがおさまった。

子どもを怖がらせて従わせるのではない。主導権が自分にあることを示すのだ。でも、フクロウの顔がもっとも効力を発揮するのは、子どもとの間に強い絆があり、互いに尊敬しあえる関係にあるときだという。マドレーヌいわく、ナニーという仕事の醍醐味《だいごみ》は、子どもと「共犯関係」を築くこと。そうなると、同じ視点で世間を見たり、子どもの行動を予想できたりする。その境地に達するためには、注意深く子どもを観察し、話をし、ある程度の自由を与えて信頼する必要がある。それはつまり、子どもが自分と同じ人間であることを、尊重することだ。

フクロウの顔が効果を発揮するような信頼関係を築くためには、厳しくしつつも、柔軟さを忘れてはいけない。つまり、子どもたちに自主性と選択肢を与えるのだ。「(子どもを)少し自由にさせてあげることね。そうすると個性が出せるから」と、マドレーヌは言う。

マドレーヌは、子どもと強い絆を築きながら毅然《きぜん》とした態度で接することに、矛盾を感じないという。自分の権威は、子どもとの関係のなかから生まれるものであり、信頼関係なしにはなりたたないと考えている。相互関係と権威のバランスを取ること。マドレーヌには、それができるのだ。

「子どもの話には耳を傾けるべきですが、制限を決めるのは、あなたです」

「フクロウの顔」は、フランスでは有名だ。ビーンは、クレイシュの先生にこの顔をされたと言っていた。フランス人の大人の多くは、かつて、このフクロウの顔を（もしくは同様の表情を）向けられたことを、いまだに覚えている。

パリジェンヌのフードライターであるクロチルド・デュズリーエは、「こんな顔をされたわ」と、自分の母親の話をしてくれた。興味深かったのは、クロチルドがフクロウの顔を（そして、その表情が教える「枠組み」を）とても懐かしそうに思い出していたことだ。クロチルドは母親について、「愛情をこめながらも権威を持って接してくれたわ。絶対に声をあらげなかった」と話してくれた。

＊＊＊

私はといえば、しょっちゅう声をあらげている。どなることで、子どもが歯をみがき、夕食前に手を洗ってくれることもある。でも、私は消耗するし、嫌な雰囲気になる。どなる声が大きくなればなるほど、後味が悪い。

フランス人の親だって、子どもにきつい声を出すことがある。でも、ひっきりなしの無差別爆撃よりも局部攻撃を好む。大声は、重要な局面まで取っておいて、本当に大切なことを強調するときに使うのだ。私が公園や、フランス人の子どもが遊びに来ているときに、家のなかでどなったりすると、なにか重大な問題が起きたのかと、友人たちが一様に心配そうな顔をする。

私のような英語圏出身の親は、権力を行使することを、鍛錬や懲罰という視点で考えがちだ。フランス人の親は、あまりそういう話をしない。そのかわり、子どもの「éducation（教育）」の話をする。その名が示すとおり、子どもたちに、容認できることとできないことを徐々に教えてゆくわけだ。

フランスのほうがはるかに、全体的な雰囲気が優しいのは、このちがいがあるからだ。この前、レオが夕食にフォークを使うのを嫌がったので、私は、アルファベットの文字を教えるような感覚で、フォークの使いかたを教えようと心がけてみた。すると、今までよりもはるかに、辛抱づよく、おだやかに接することができた。レオがすぐに言うことをきかなくても、見下された気分にもならなければ、怒りも感じなかった。そして、状況のストレスが減ったために、レオはさっきより機嫌よく練習してくれた。私はどならずにすみ、全員が、いっそう楽しい夕食の時間をすごすことができたのだ。

フランス人と英語圏の親は、「strict（厳しい）」という単語をまったくちがう意味で使う。私は、そのことに気づくまで、少し時間がかかった。イギリス人やアメリカ人の親が、「あの人は厳しい」と言うと、それは一般的に、その人が、全面的な権限を持っているという意味だ。厳格で味気ない学校教師のイメージが浮かぶ。アメリカ人の親で、自分を形容するのにこの表現を使う人は、あまりいないように思う。

ところが、フランス人の親が自分を「厳しい」と言うと、意味合いがちがってくる。いくつかのことには非常に厳格だが、そのほかのあらゆることに関しては、かなり寛容なのだ。まさに「枠組み」のありかたそのものだ。確固とした枠組みのまわりを、たくさんの自由がとりかこんでいるわけだ。

しかし、特定のルール違反に対しては、即座に激しく子どもを叱る。問答無用のエリアは、親によって異なるが、知り合いのほぼ全員が、譲れない領域は「他人への敬意」だと口にした。例として挙げるのが、たとえ子どもであっても「ボンジュール」「オ・ヴォア」「メルシー」の挨拶を、かならずすることと、親や大人に礼儀正しい口をきくことだ。

他人への暴力もまた、立ち入り禁止エリアだ。アメリカ人の子どもは、親を叩いても大目に見られる傾向にある。親のほうも、本当はいけないことだとわかっているのに。しかし、私の知る限り、フランス人の大人は、絶対にこれを許さない。ビーンが一度、近所に住む五〇代の男性パスカルの前で、私を叩いたことがあった。自由気ままな雰囲気のパスカルは、ふだんはのんびりした人なのに、即座に「してはいけないこと」についての厳しい説教を始めた。突然の説得力のある態度に、私は怖れおののいてしまった。ビーンも感心した表情をしていた。

フランス人の、厳しくする部分と大目に見る部分のバランスがよくわかるのが、寝かしつけの時間だ。何人かの親が教えてくれた話では、子どもは部屋から出てはいけないけれど、部屋のなかでは、好きにすごしていいそうなのだ。

このやりかたを導入したところ、ビーンがとても気に入ってくれた。部屋に閉じこめれることに意識を向けなくなり、「あたしはなんでも好きなことをしていいの」と、誇らしげに話すようになった。たいていは、少し遊んだり本を読んだりしてから、自分でベッドに入っている。

息子たちが二歳になり、ベビーベッドではなくふつうのベッドで眠るようになったので、同じ方針を使うことにした。ふたりでひとつの部屋なので、ビーンよりも多少騒がしくなりがちだ。〈レゴ〉のブロックがぶつかる音が、しょっちゅう聞こえてくる。でも、危険な物音がしない限り、「おやすみ」を言ったあとは部屋をのぞかないようにしている。遅い時間までふたりが騒いでいれば、部屋に入って「寝る時間だから電気を消すわよ」と声をかけることもある。息子たちは、これを「好きなことをしてもいい」ルールの侵害とは思っていない。その時点で、たいていふたりとも疲れ果てているので、おとなしくベッドによじのぼってくれる。

私は、権威について、白か黒かの両極端に考えてしまいがちだ。そんな自分を変えたくなり、ダニエル・マルセリを訪ねた。ポワチエにある大病院の小児精神医学部長であるマルセリは、一二冊以上の著書があり、近著に、子育てをする親向けに書かれた『*Il est permis d'obéir*（言うことをきいても許される）』があり、権威について考察している。マルセリは、哲学者で思想家のハンナ・アーレントの言葉を引用しながら、持論の展開についてくわしく説明し、矛盾の発見を楽しんでいる。

マルセリが注目している矛盾は、親が権威を持つために、ほとんどの場合にイエスを言うべきだという点だ。「禁止ばかりしているのは、権威主義者です」と、マルセリは、コーヒーとチョコレートを口にしながら話してくれた。マルセリによると、親の権威の重要なポイントは、子どもを妨害することではなく、子どもに権限を与えることなのだ。

マルセリが例を出した。子どもがオレンジジや水をほしがったり、パソコンにさわりたがったりすると、現在のフランスの「リベラルな教育」では、子どもはさわったり取ったりする前に、許可を求めなければならない。マルセリは、許可制に賛成しているものの、親の返事はほとんどの場合「イエス」であるべきだと主張する。

親が「ノーを言うのは……壊れやすいものや危険物だからという理由で、ときどきだけにするべきです。しかし基本的には、（親の仕事は、）子どもが手に取る前に許可を求めるようにしつけることです」

マルセリが言うには、この力学にはもっと長期の目的が埋めこまれている。矛盾するようだが、このしつけがうまくいくと、子どもは最終的に、従わない道を選択する境地に到達するのだ。

「教育を成功させるには、ときには指図に従わない自由を選ぶまで、子どもに指図に従うことを教えることです。まずは従うこと自体を学ばなければ、特定の指示にだけ従わない、ということはできません」

マルセリはこう説明する。

「完全なる服従は、屈辱です。しかし、指図に従うことは、子どもの成長をうながします」（マルセリはまた、ほかの子どもと文化を共有するために、多少のテレビを観せるべきだと言う）

高校で哲学の授業があるフランスで育っていれば、マルセリの権限の解説を深く理解できたかもしれない。私にわかるのは、子どもが確固たる「枠組み」を構築する醍醐味のひとつは、そこからときどきはみ出してもよく、それでも枠組みは壊れない、ということだ。

マルセリは、私がフランスでしょっちゅう耳にするもうひとつのポイント、制限を与えなければ、子どもが自分の欲望に飲まれてしまうということについても指摘した（マルセリは「生来人間は、際限のない生きものなのです」と話してくれた）。

フランス人の親が「枠組み」を重要視するのは、制限を与えなければ、子どもが自分の衝動に支配されてしまうからだ。「枠組み」が、精神的な動揺を抑制し鎮める助けになっているわけだ。

パリの公園でかんしゃくを起こしているのが、うちの子だけなのは、そういうわけなのかもしれない。子どもがかんしゃくを起こすのは、自分の欲望に飲みこまれて、自制がきかなくなるからだ。ほかの子たちは「ノー」と言われ、従うことに慣れている。うちの子は、そうじゃない。私の「ノー」は不確かで迫力がない。それでは欲望の連鎖を止めることができないのだ。

マルセリによると、「枠組み」のある子どもは、創造性にすぐれ、「目覚めている」そうだ。これは、フランス人の親が「開花」とも表現する状態のこと。フランス人が理想とするのは、「枠組み」の範囲内で子どもの開花をうながすことだ。フランス人の親でも、開花だけを重視して「枠組み」を与えない少数派がいるが、マルセリの意見は明らかだ。そういった子どもたちは「すべてうまくできずに、あらゆる点で絶望します」

私は、この新しい見解がとても気に入った。これからは、独裁者にはならずに権威のある態度でのぞもう。ある日、ビーンを寝かしつけるときに、「あなただって、悪さをしたくなるときがあるわよね」と言ってみた。するとビーンは安心した顔をした。共犯者になれたひとときだ。

「パパにもそう言ってくれる？」と、ビーンが私に頼んできた。

フランスの学校で一日すごしているビーンは、私よりも規律についてしっかりと理解している。ある朝、アパートメントのロビーで、時間に遅れそうだったので息子たちをベビーカーに乗せようとした。急いでビーンを学校まで送ってから、息子たちをクレイシュに連れていくためだ。サイモンは出張中だった。

ところが、息子たちは双子用のベビーカーに乗るのを嫌がった。歩きたいのだが、そうさせるとさらに時間がかかる。アパートメントの中庭にいるので、ご近所に声が聞こえるし、やりとりのすべてを見られるかもしれない。コーヒーすら飲んでいない私は、できる限りの威厳をかき集めて、乗りなさい、と強い口調で言った。でも、効果はゼロだ。

ビーンもこの様子を見ていた。そして私に、弟たちを動かす方法を教えてくれた。「ママ、『いち、に、さん』と声をかけてみて」と、ビーンが、かなりいらだった口調で言った。非協力的な子どもを従わせるときに、ビーンの先生が使う方法だという。

「いち、に、さん」の声かけは、高度な技術ではない。イギリスやアメリカでも使われている。でも、背景にある理論は、いかにもフランスらしい。[*32]「子どもに時間を与え、子どもを尊重するのです」と、ダニエル・マルセリは解説する。子どもは従うという行為に積極的に関わるべきであり、そのために反応する時間の猶予が必要なのだという。

自分がボスでありながら、子どものいいぶんに耳を傾け、尊重する。このさじ加減は、えさせているところだ。ある日の午後、クレイシュで、帰り支度のためにジョーイを着替えさせていると、ジョーイがとつぜん、激しく泣きだした。私は、ここは「決めるのは私」モードで行こう、と思った。早く自分を変えたかったというのもある。この状況は、アドリアンが病院の体重計に乗りたがらなかったときと似ている。だからジョーイを無理にでも着替えさせなければ、と。

ところが、ジョーイのお気に入りの保育士であるファティマが、騒ぎを聞きつけて、心配になって着替え室に入ってきた。ファティマは私とは逆のやりかたをした。ジョーイは、家ではしょっちゅうかんしゃくを起こすけれど、クレイシュではめったにない。ファティマはジョーイにからだを寄せて、ひたいをなではじめた。

「どうしたの?」と、ファティマは何度もジョーイにたずねた。ファティマはこのかんしゃくを、「魔の二歳児」にありがちな難解な感情表現ではなく、とても小さいけれど理性的な生きもののコミュニケーションだと見なしていた。

一、二分すると、ジョーイは説明ができるぐらいまで落ちついた。そして、単語とジェスチャーを使って、ロッカーに入っている帽子がほしいことを伝えた。騒いだのはそういう理由だったのだ(おそらくジョーイは泣きだす前に、帽子を自分で取ろうとして、できなかったのだ)。ファティマは、ジョーイを着替え用の台からおろしてやった。そして、ジョーイがロッカーに近づいて扉を開け、帽子を取りだすのを見守った。そのあとジョーイは賢くふるまい、帰る準備が整った。

ファティマはお人よしではない。子どもに対して、多大な権限を持っている。でも、辛抱づよくジョーイの話を聞くことが、譲歩だとは考えていない。ファティマはジョーイを落ちつかせ、そのあとジョーイに要求を伝えるチャンスを与えたのだ。

残念ながら、さまざまなケースがあるので、すべてに対応できるルールは、だれにきいてもわからない。フランスには、矛盾しあう原則が多いし、例外を認めない厳格なルールもいくつかある。ときには、子どもの言葉に注意深く耳を傾ける。ときには、無理やりにでも体重計に乗せる。そうすることで、制限を与えつつも、子どもを見守り、共犯関係を築き、さまざまな状況に適応していくのである。

こういったことを、あたりまえにできる親もいるだろう。でも私は、いつか自然にバランスを取れるのかは、あやしいところだ。たとえるなら、サルサダンスを三〇歳で習いはじめるか、子どものころから父親とサルサを踊って育ったかのちがいだ。私はいまだにステップを数えて、つま先を踏んでいる。

英米人の場合、ほぼ毎回の食事で、子どもを部屋に行かせて反省させる家庭は多い。ところがフランスでは、行儀に関する細かい注意はたくさんあるものの、罰を加えるとなると、かなりの大ごとだ。

たいていは、親が罰する子どもを自分の部屋か隅のほうに行かせる。叩くこともある。私が、フランス人の子どもが公衆の面前でおしりを叩かれるのを見たのは二、三回だが、パリに住む友人たちは、もっとひんぱんに見かけるという。『三びきのくま』の舞台のなかで、母ぐま役の女優が観客に、「騒いだ赤ちゃんぐまはどうなりますか？」とたずねた。「おしりペンペン！」と、大勢の幼い子どもが、声をそろえて叫んだ。国民調査[*33]によると、フランス人の親の一九パーセントが、子どもを叩くのは「ときどき」、四六パーセントが「まれ」、二パーセントが「ひんぱんに」と答えた。残り三三パーセントは、子どもを叩いたことがない、と答えている。

体罰は、過去にはフランス人の子育てと大人の権威を強めることに、今よりももっと大きな役割を担っていたのだろう。しかし、状況は変化している。私が読んだフランスの子育て本の著者は全員が、子どもへの暴力に反対だ。叩くかわりに推奨されているのが、親が上手にノーを言えるようになること。マルセリと同じで、彼らも「ノー」は多用すべきではない、という主張だ。しかし、言うときには堂々と口に出すべきなのだ。

この考えかたは、べつに目新しいものではない。一八世紀のフランスの思想家、ジャン＝ジャック・ルソーに源を発するものだ。彼は『*Émile*』に、こう書いている。「与えるときはよろこんで与え、拒否するときはしぶしぶ拒否すること。しかし、いったん拒否したことは取り消し不可能だ。いくら懇願されても、方針を変えてはならない。『ノー』を言うときは、真ちゅうの壁をつくるがごとく、きっぱりと。子どもは五、六回で気力を使いはたし、くつがえすことをあきらめるだろう。この経験が、たとえ要求のすべてが通らなくても、忍耐づよく、むらがなく、おだやかで、あきらめられる子どもをつくるのだ」

すばやく動く遺伝子を持つレオは、破壊的な遺伝子も持ちあわせている。

ある日の夕食のときに、レオが「水、ほしい」と言った。

「お願いするときは、どう言うの？」

私は優しい声でたずねた。

「水！」

レオがニヤニヤしながら言った（サイモンによく似ているレオは、不思議なことに、わずかにイギリス英語なまりで話す。ジョーイとビーンはアメリカ英語だ）。

子どもに「枠組み」を教えるのは、大変な労力がいる。幼少期に、しっかりと注意を向けて、何度もくりかえさなければならない。でも、いったん定着すると、日々の生活をはるかに楽に、おだやかにしてくれる（ように思う）。私が子どもに、フランス語で「決めるのは私よ」と言いはじめたのは、子どもの扱いに困り果てていたときだった。この言葉を口に出すだけで、不思議と元気づけられた。言うときは、背すじが少し伸びた。

フランス流を実践するには、ものの見方を大きく変える必要がある。私は、あらゆることが子ども中心にまわっているという考えかたに慣れすぎていた。「フランス人らしく」なるとは、子どもにあった重力の中心を移動させ、私自身の要求を表に出すということだ。自分が舵《かじ》を握っているという感覚のおかげで、三人の小さな子どもの扱いがはるかに楽になった。春、サイモンがいない週末に、子どもたちにカーペットやブランケットをバルコニーに広げてもらい、モロッコ風のラウンジのような空間をつくった。私がホットチョコレートを運んでいくと、子どもたちは座って飲んだ。

あとでこの出来事をサイモンに報告すると、即座に「大変じゃなかった？」とたずねられた。数週間前ならそうだったかもしれない。子どもたちに圧倒されるか、心配のあまり楽しめないかのどちらかだ。どなったりもしただろう。バルコニーは中庭に面しているので、近所に声が聞こえたにちがいない。

でも、今は私が決める側なので（今までより多少は）、バルコニーに三人の子どもとホットチョコレートを出してもだいじょうぶ、と思えた。いっしょに座って、コーヒーを飲むことまでできた。

ある日、私がクレイシュにレオだけを送ることになった（サイモンと私は朝の仕事を分担している）。エレベータを降りながら、不安になった私は、レオに、中庭では叫ばないように、はっきりと注意しようと心に決めた。まるでずっと前からの決まりごとのように新しいルールを伝え、レオの目を見つめながら、きっぱりした口調で説明した。そしてレオに、「わかった?」とたずねてから、返事をするチャンスを与えるために、ひと呼吸おいた。レオはしばらく考えこんでから、「はい」と言った。

ガラスの扉を開けて中庭を歩きだした。不思議なほど静かだった。叫び声もぐずる声もしない。すばしっこい小さな男の子が、ママを引っぱりながら歩いていた。

第一一章
子どもには子どもの人生がある

ある日の午後、ビーンをプリスクールに迎えに行くと、運動場から戻ってきたばかりのビーンが、頬に赤いすり傷を作っていた。傷は深くはないが、少し血が出ている。ビーンはなにがあったのか教えてくれない（痛がってはいない）。担任の先生も、知らないという。校長に詰めよるころには、私は涙がこぼれていた。でも、校長にもわからない。ふたりとも、私がそこまで大騒ぎをすることにおどろいている様子だった。

たまたまパリに来ていた母に話すと、信じられない、とおどろかれた。アメリカで同じような傷を作ったら、公式調査の対象になり、家に電話がかかってきて、長々と説明してもらえるはずだと。

フランス人の親にとっては、こんな出来事はショックではあっても、ドラマチックな悲劇ではない。「フランスでは、子どもには少しはケンカをさせたほうがいいと思っているの」と、ジャーナリストで作家のオドレイ・グタールが話してくれた。「フランス人らしい、そして地中海の人間らしい気性なのね。子どもには、自分の領域を守る術や、ほかの子どもとのケンカのしかたを知ってほしいわ……子ども同士のある程度の暴力は、気にしないの」

ビーンがすり傷の原因を言いたがらないのは、自主性の現れなのだろうか。ほかの子どもについて「rapporter（告げ口する）」ことは、非常に悪いことだと見なされるのだ。これは、第二次世界大戦中に近所の情報をもらして死に至らしめたという歴史が影を落としているのを教えてくれた人がいた。私が住んでいるアパートメントの組合員には、戦争体験のある人が多い。年に一度のミーティングのとき、私が、うちのベビーカーを倒した人を知りませんか、とたずねた。

「私たちは告げ口しませんよ」と年配の女性が言うと、みんなが笑った。

イギリス人も「密告者」が嫌いだ。でもフランスでは、子ども同士でさえ、いくらかの傷は自分のなかで解決して口をつぐむのが、生きていくうえでのスキルだと見なされるのだ。家族のなかでさえ、秘密を持つことが許されている。

この国が、子どもが自力で学習することを重視していると実感したのは、アパートメントのリフォーム工事をしたときだ。私は、英語を母国語とする知人の全員がそうするように、徹底的に子どもの安全に配慮したかった。子ども用のバスルームの床は、ぬれたタイルですべらないようにゴム製を選んだ。また、あらゆる設備には子どもに開けられない鍵《かぎ》をつけ、オーブンの扉は、さわっても熱くないタイプを希望した。

請け負い業者のレジスは、私の正気を疑った。ブルゴーニュ出身の素朴でいたずらっぽい風情の青年は、オーブンの「子どもの安全」を確保するには、子どもに一度さわらせて、熱いとわからせればいい、と言った。また、バスルームの床をゴムにするのを、見た目が悪いからと拒否した。私は、アパートメントを転売するときの価値の話を聞いたうえで、しぶしぶ受けいれることにした。オーブンについては譲らなかった。

教師の生徒への接しかたにもちがいがある。ある日、私が、マテルネルのビーンのクラスで、英語の本を朗読することになった。すると先生が前もって、かんたんな英語のレッスンをした。先生はペンを指さし、このペンの色は英語でなんと言うでしょう、と質問した。その答えとして、四歳の男の子が自分の靴の話をした。

「それは質問とは関係のないことです」と、先生は、男の子に言った。

私は、この対応におどろいた。たとえ解答が主題からどんなにはなれていようが、先生がなにか肯定的な反応を返すことを期待していたのだ。私が育ったアメリカの伝統では、社会学者のアネット・ラローの言葉を借りれば「子どもの意見のひとつひとつを、特別な貢献のように扱う」[*36]。まったく的外れなコメントでさえ賞賛することで、子どもに自信や肯定感を与えるのだ。

フランスで、この手の子育てをしようとすると、異様に目立ってしまう。そう気づいたのは、子どもたちをルーブル美術館のすぐ隣のチュイルリー庭園にあるトランポリンに連れていったときだ。子どもたちは、ゲートのあるエリアでおのおのがトランポリンで遊び、親は周囲にあるベンチで見ている。しかし、あるママが、ゲートのなかに椅子を持ちこんで、それを自分の息子が使っているトランポリンの目の前に置いた。そのママは、息子がジャンプするたびに「ワーオ!」と叫んでいる。さらに近づいて盗みぎきする前から、私は、そのママが英語圏出身の人間だと確信していた。

「ワーオ！」は、いわば、「ママはあなたがしていることを見ているわよ！　ママは認めているわよ！　あなたはすばらしいわよ！」の省略表現だ。同様に、どうしようもなく下手なお絵かきや工作でさえほめちぎる。私にとっては一種の義務だ。子どもたちの自己評価は、親の手にかかっていると信じているのだ。

フランス人の親だって、子どもに自信を持ってほしいし、ありのままの自分を受けいれてほしい。でも、それをうながすための戦略がちがう。ある意味、アメリカ人の戦略の真逆だ。彼らは、ほめることがかならずしもいいとは思っていないのだ。

フランス人は、子どもが自信を感じるのは、自分でできるようになったとき、そして上手にできたときだと考えている。話しかたを覚えた子どもについては、大人は、ただ言葉を発しただけではほめない。おもしろい話をしたときと、上手に話をしたときに、賞賛する。フランス人社会学者のレイモン・キャロルは、フランス人の親は、言葉で「上手に身を守る」ように子どもを鍛えると話し、こんな言葉を引用している。

「フランスでは、子どもが発言したがると、大人は耳を傾ける。でも、あまり時間がかかると、待っていてくれない。手間どっていると、家族が口を出して話を終わらせる。そうすることで、子どもは、話す前にきちんと考えをまとめる習慣がつく。手早くおもしろく話すことを学ぶのだ」

フランス人は、子どもがおもしろいことを言ったり、正解を答えたりしたとき、大人は、明らかに控えめな対応をする。上手にできるたびに、「よくやったね」とほめるわけではない。ビーンを無料クリニックの健診に連れていったとき、小児科医がビーンに、木製のパズルをやるようにうながした。ビーンはすべてのピースをはめることができた。すると医者は、完成したパズルをちらりと見て、私が体質的に受けいれられない行動を取った。なにもしないのだ。医者は、引きつづき診察をする前に、かすかな声で「いいですよ」とつぶやいただけ。「よくできましたね」というよりは「次に進みましょう」というニュアンスで。

フランスでは、先生や権威者が、日常的に子どもを面と向かってほめない。それだけではなく、子どもの親にも日常的にほめ言葉をくれないのだ。

サイモンといっしょに学期途中の個人面談に出かけたときには、期待値を下げておいてよかった。面談を担当するのは、ビーンのもうひとりの担任であるアニエス先生だ。彼女も思いやりがある素敵な先生だ。でもやはり、ビーンにレッテルを貼ったり、評価のコメントをしたりはせずに、「なにも問題ありません」としか言わない。さらに、一〇枚以上あるプリントのうち、ビーンが仕上げられなかった一枚を見せてくれた。私は、ビーンが同級生と比べてどうなのか、さっぱりわからないまま、学校をあとにした。

面談を終えた私は、アニエス先生が、ビーンが上手にできたことについてのコメントが皆無だったことが、しゃくにさわってしかたがなかった。するとサイモンが、フランスでは、それは先生の仕事ではないと指摘した。アニエス先生の役目は、問題を見つけること。子どもが困っていれば、親は知る必要がある。子どもが対処できているなら、なにも言うことはないのだ。

肯定感をうながして子どもの（そして親の）志気を高めるよりも、負の部分に焦点を合わせる。これは、フランスの学校教育における有名な（そしてよく批判を受ける）特徴だ。フランスの高等学校の最後の期末試験であるバカロレア資格（大学入学資格を得るための統一国家試験）で満点をとるのは、ほぼ不可能だ。二〇点満点のうち一四点が非常に優秀とされ、一六点は実質上の満点である。[*37]

二児の父であり、フランスのエリート大学の教授であるブノワは、高校生の息子のことを優等生だと評する。しかし、息子の論文についての教師からのもっとも肯定的なコメントは「des qualités（まずまず）」だ。ブノワによると、フランス人の教師は、相対評価ではなく、[*38]だれにも手が届かない理想と照らし合わせて点数をつける。どんなにすぐれた論文でさえ、「フランス流に採点するなら、『正解、悪くない、しかし、ここと、ここと、こと、ここは、間違い』と言われるでしょう」

ブノワによると、フランスでは高校生になると、感情や意見を表現することに、ほとんど価値が置かれなくなる。

「たとえば、『私はこの詩が好きです。なぜなら、ある自分の体験を思い出させるからです』という意見は……まったくの間違いです……高校では、論理づけを学びます。創造的にならなくていい。明瞭《めいりょう》な表現が必要なのです」

ブノワが、一時的に米プリンストン大学に籍を置いたとき、学生に採点が厳しいと非難されておどろいたそうだ。「最悪の論文にさえ、なにか肯定的なコメントをつけなければならないことを学習しました」と、ブノワはふり返る。ある生徒にＤ（五段階で四番目）の成績をつけて、説明を求められたこともあったそうだ。私は逆に、フランスの高等学校で教えるアメリカ人教師から、二〇点満点で一八点と二〇点満点をつけたために、親から文句が出たという話を聞いたことがある。親たちは、授業が易しすぎる、評価が「いんちき」だと非難したそうだ。

＊＊＊

私の知る限り、フランス人の親は、フランス人の教師よりもはるかに子どもに優しく接している。親は自分の子どもをほめるし、肯定感を与えている。そうはいっても、私たち英語圏の人間ほどには、ほめ言葉を浴びせていない。

あまり子どもをほめないフランス流が正しいように思えてきた。あまりにもひんぱんに大人に「よくできたね」を言われてそのたびにいい気分になっていると、子どもは、肯定的な評価に依存するだけではないか。そのうちだれかの承認がなければ自分に自信を持てなくなるのでは。さらに、なにをやってもほめられることに味をしめて、苦労して努力をしなくなるかもしれない。どのみちほめられるのだから。

子どもはほめれば伸びるのかをテーマにした『*NurtureShock*』（邦訳『間違いだらけの子育て――子育ての常識を変える10の最新ルール』インターシフト刊）のなかで、共著者であるポー・ブロンソンとアシュリー・メリーマンは、賞賛を浴びすぎた生徒が大学に入ると、「リスクを回避し、あるべき自主性を欠く」ようになる、というリサーチ結果を発見した。こういった学生はおしなべて「並の成績に甘んじるよりもクラスを放棄し、専攻科目を決めるのに苦労する。[*39]成功できないのが怖いので、ひとつのことに専念することを怖れる」

この新しいリサーチは、子どもが失敗したら親が肯定的な評価をして打撃をやわらげるべき、という英語圏の一般常識は誤りだと証明している。もっとよい対処法は、子どもに自信と向上するためのツールを与えながら、やんわりと、失敗した原因を掘りさげていくことだという。まさに、ビーンのフランス人教師たちが実践していることではないか。

私も、ほめるときは控えめに、を実践するようになった。それでも、フランス人の自主性のとらえかたに順応するのは、かなりハードルが高い。もちろん私だって、子どもの心の動きが自分とはちがうことはわかっているし、つねに子どもを拒絶や絶望から守ることはできないとわかっている。それでも、子どもには子どもの人生が、私には私の人生が、という考えかたを、まだ自分の心の地図に載せることができないでいる。

とはいえ、子どもたちが一番うれしそうな顔をするのは、私が信頼してやらせたことが、自分でできたときだ。もちろん、ナイフをわたしてスイカを切らせたりはしない。子どものほうも、自分の能力をはるかに超えることは、たいてい察しがつくものだ。私は、少しだけ子どもに背伸びをさせる。割れるかもしれない皿をディナーテーブルまで運ばせたりもする。そういった小さな成功のひとつひとつが、子どもたちをおだやかに、ごきげんにする。

ある夜、風邪をひいた私が咳《せ》きこんで、サイモンが眠れなくなった。そこで私は真夜中にソファへと引っこんだ。朝七時半ごろ、子どもたちがリビングルームに入ってきたけれど、私はほとんど動けず、ふだんのように朝食の準備に取りかかっていなかった。

すると、ビーンが準備をしてくれた。アイマスクをつけたままソファに横たわっていると、引きだしを開けて、テーブルに食器を並べ、ミルクとシリアルを出している物音が聞こえてきた。五歳半のビーンが、私の仕事を引きうけてくれている。そのうえ、ジョーイにスプーンやフォークを並べるのを手つだわせていた。

数分後、ビーンはソファにいる私に近づいてきて、こう言った。

「朝食ができたわよ。だけど、コーヒーはママがやってちょうだいね」

ビーンはおだやかで、とてもうれしそうにしている。自主的に動くことで、これほどまでにビーンが楽しく、賢くなるなんて。私は感心してしまった。ビーンは私が見守るなか、初めてのことを自分でやりとげ、そのことに心から満足していた。

終　章
フレンチな未来

私はいまだにパリに魅了されていない。フランスでは、フランス語での挨拶がコミュニケーションの必須項目だが、「ボンジュール」のやりとりは、神経を使ってうんざりするし、仕事仲間と親しい友人以外によそよそしい「vous（あなた）」を使うのも疲れる。フランス生活は少々堅苦しくて、自由奔放な自分を出せないような気がする。

それでも、パリでの居心地がよくなっていた。フランス人の表現を使うと、「自分の居場所を見つけた」のだ。すばらしい友人に恵まれたのも、大きな理由かもしれない。表向きは冷たいけれど、パリジェンヌたちも、ひそかに真似をしたりつながったりしたいという思いを隠していることがわかった。それから、セルライトも（！）少々隠している。友人たちのおかげで、私は正真正銘のフランス語圏の人間へと変身した。会話をしながら、自分の口から流暢なフランス語の文章が飛び出すことに、しばしばおどろいている。

フランスをぐっと身近にしてくれたのが、フランス人の子育ての知恵に出会ったことだった。パリに暮らすおかげで、子どもにも、自立したり行動をわきまえたりという偉業ができると知った。英語圏出身の親としては想像もできなかったことだ。いつかべつの土地に住むことになっても、それを知らない自分には、もう戻れないだろう。

「フランス流」の子育て法の多くは、住んでいる場所を選ばない。特定の種類のチーズが買えない土地でもだいじょうぶだ。求められるのは、子どもとの関係のとらえかたや、子どもになにを期待するのか、という面で、親が意識を変えることである。それはカンヌにいても、カンタベリーでもクリーブランドでも実行できる。

子どもたちは、「ボンジュール」と「オ・ヴォア」の挨拶を毎回はしないけれど、するべきだと知っている。私はフランス人のママのように、いちいち子どもたちに注意するようにしている。それも、彼らが「教育」と呼ぶプロセスの一環だと思うようになった。そのなかで子どもは、他人を尊重し、待つことを、徐々に学ぶ。この教育が、次第に身についてきたように思える。

子どもの自立が進むにつれて、私のサイモンとの関係もよくなっていった。サイモンは相変わらず怒りっぽいし、私は相変わらず彼をいらいらさせるのが得意だ。でもサイモンは、ときどきは陽気にふるまうことにし、私といっしょにいると楽しい、と認めてくれた。時おり、私のジョークに声を立てて笑うことさえある。

私も譲歩することにした。サイモンへの注文を少なくしたのだ。たとえば朝食のときに、サイモンが、オレンジジュースのボトルを振らずに子どもたちに与えていても、目をつぶることにした。私は、夫も、子どもと同じで自主性を求めていることに気づいたのだ。たとえ、私のコップに果肉がごっそり入っても、それでいい。サイモンに、なにを考えているの？　とたずねなくなった。ふたりの結婚生活のなかにある謎めいた部分をはぐくみ、味わうことを学んだのだ。

去年の夏、ふたたび、あの海辺の町を訪れた。私が初めて、フランス人の子どもがレストランで機嫌よく食事ができることに気がついた場所である。連れていく子どもはひとりではなく、三人だ。そして、ホテルに宿泊するのはやめて、賢明にもキッチンのついた一軒家を借りた。

　ある日の午後、子どもたちを、港に近いレストランまでランチに連れていった。昼間の太陽が、水しっくいの建物を照らす、牧歌的で美しいフランスの夏の日だ。今回は、家族五人全員が楽しいひとときをすごした。私たちは、落ちついた態度で、コース料理を頼んだ。全員が自分の席からはなれることなく、魚も野菜も含めて、すべての料理を楽しんだ。床にこぼれるものはなく、叫び声も聞こえない。サイモンとふたりだけの外食と同じほどには、くつろげなかったけれど、休暇の気分はしっかりと味わえた。私たちは、食後のコーヒーまで飲むことができた。

謝辞

以下の方々に、感謝の意を表します。トランスワールド社のマリアンヌ・ヴェルマン。エージェントのスザンヌ・グリュックとユージーン・ファーニス。ペンギン・プレス社のアン・ゴッドフとヴァージニア・スミスに。

原稿を精読してくれたサプナ・グプタ、助言と励ましをくれたアダム・クーパー、専門的にリサーチを助けてくれたポーリーン・ハリス。前半の章に意見をくれただけではなく、代理で荷物を受け取ってくれたケン・ドラッカーマンに、深く感謝いたします。

読者になってくれたママ仲間にメルシー。クリスティーヌ・タクネ、ブルック・パロット、ディートリント・ラルニエ、アメリア・レリーズ、シャロン・ギャラン、果敢にも、陣痛のさなかに妊娠の章の原稿を読んでくれたハンナ・クーパーに。

食べものや憩いの場所など、さまざまなサポートをくれた、以下の方々に感謝します。スコット・ウエンガー、ジョアン・フェルド、アダム・エリック、ジェフリー・サンバー、カリ・スニック、パトリック・ウェイル、アデリン・エスコバール、シャナ・ドラッカーマン、マーシャ・ドラッカーマン、スティーヴ・フライシャー、ナンシーとロナルド・ゲレス夫妻。ブルー通りの住人のみなさんには、友情と子育てのヒントと、ランチの楽しみかたを教えてくれたことに感謝します。

私と交流してくださるたくさんのフランス人ファミリーと、フランス人のご家庭を紹介くださり、おつきあいを可能にしてくださった方々には、大変お世話になりました――ヴァレリー・ピカール、セイル・アゴン、エレーヌ・トゥーサン、ウィリアム・オイリー、ヴェロニク・ブルエ＝オーベルト、ガイ・ネグボー、ルーシー・ポワチエ、エミリー・ヴァルムスリー、アンドレア・イパクチ、ジョナサン・ロス、ロビン・ポンダリー、ベンジャミン・ベニタ、ロランス・カルマンソンに。クレイシュ・クール・デビーと、クレイシュ・アンファン・エ・デュクベルトに感謝します。とりわけマリー＝クリスティーヌ・バリゾン、アンヌ＝マリー・ルジャンドル、シルヴィ・メテ、ディディエ・トリロ、アレクサンドラ・ヴァン＝ケルシャヴィエ、ファティマ・アブドラリフに。特別な感謝の意をファニー・ジェルベの家族に。

すばらしい両親に恵まれると、子育ての本の執筆がはるかに楽になるというものです。ボニー・グリーンとヘンリー・ドラッカーマンに感謝します。それから、自分よりもこの仕事が得意な人と結婚したのも、天からの恵みです。夫のサイモン・クーパーの励ましと忍耐なしでは、この本を書き上げることはできませんでした。あらゆる原稿に目をとおして批評してくれたおかげで、ライターの腕がみがかれました。

最後に、レオ、ジョエル、ライラに感謝。ママは、このためにオフィスにこもっていました。いつの日か、それだけの価値があったと思ってくれますように。

注釈

序章

＊1　自分の子どもにより多くの刺激を与えようと

ジュディス・ワーナーが*Perfect Madness: Motherhood in the Age of Anxiety*, New York: Riverhead Books, 2005のなかで記述している。

＊2　フランスよりも出生率が高いのはアイルランドだけである

ＯＥＣＤ（経済協力開発機構）の二〇〇九年のデータによると、フランスの女性ひとりあたりの出生率は一・九九。ベルギーは一・八三、イタリアは一・四一、スペインは一・四、ドイツは一・三六。

第二章

＊3　五歳未満の死亡率は、フランスはアメリカの半分である

セーブ・ザ・チルドレン、The Complete Mothers' Index, 2010

＊4　アメリカは三七位

ＷＨＯ（世界保健機関）'*The World Health Report 2000—Health systems: improving performance*, 2000

＊5　赤ちゃんのお世話をする準備

「自然出産の痛みに苦しむのは女性によってよいことだ、と医長は言う」デニス・キャンベル、『オブザーバー』紙、二〇〇九年七月一二日号

＊6　約八七パーセントがじつに無痛分娩だ

Maman.fr, "*Les Tops des Maternités*"

第三章

＊7　睡眠についての論文を大量に集めて理論分析したレポートによると、結論として

ジョディ・ミンデルほか、'Behavioral treatment of bedtime problems and night wakings in young children: an American Academy of Sleep Medicine Review', *Sleep*, 29:10(2006), 1263-76

＊8　このレポートの著者たちが、例として挙げている論文

テレサ・ピニーラ、リアン・Ｌ・バーチ、'Help me make it through the night, behaviroral entrainment of breast-fed infants' sleep patterns', *Pediatrics*, 1993:91 (2), 436-44

第四章

＊9　**大半は三〇秒しか待てなかった**

ミシェル博士の実験は、『ニューヨーカー』誌、二〇〇九年五月一八日号でジョナ・レーラーによって詳述された。

＊10　**『待ちなさい、おじいちゃまとお話し中なのよ』**

ウォルター・ミシェル博士は、たとえフランスの幼い子どもが待つ能力にたけていたとしても、成人してから成功するとは限らない、と警告している。他に多くの要素が影響を与えるからだ。また、アメリカ人は概して幼い子どもに上手に待つことを期待しない一方で、子どもがいつかのちの時点でその能力を獲得すると信じている。「七歳か八歳のときに食べものをレストランで投げ散らかした子どもが……一五年後にすぐれたビジネスマンや科学者や教師などになれない、という意味ではありません」と、ミシェル博士は述べている。

＊11　**ついには食べてしまうのです**

ミシェル博士は、子どもは気をまぎらわせることをたやすく学べることを発見した。引きつづき行われたマシュマロ実験で、実験者が子どもたちに、マシュマロのことを考えるかわりに楽しいこと、たとえば「ブランコに乗ってママに押してもらう」想像をしたり、マシュマロがただの絵だと思いこんだりするように指示をしたところ、全体的な待ち時間が劇的に増加した。自分をごまかしているという自覚があってもなお、子どもの待ち時間は延びた。実験者が部屋に戻ってくるとたちまち、それまでの一五分間気をまぎらわせていた子どもたちはマシュマロをむさぼった。

＊12　**フランスのママは、「非常に重要」と回答している**

マリー＝アン・スイゾー、'French and American mothers' childrearing beliefs: stimulating, responding, and long-term goals', *Journal of Cross-Cultural Psychology*, 35:5 (September 2004), 606-26

＊13　**保育の影響についてのアメリカ政府の大規模な研究**

ＮＩＣＨＤ（米国立小児保健・人間発達研究所）による「幼少期のケアと若者の発達の研究」

＊14　**英米人の子どもがかなりの「好き勝手」をする**

二〇〇六年の中流階級の白人のカナダ人カップルの調査によると、子どもがそばにいるとき——そういう状況は非常に多いのだが——両親が共に質の高い時間を持つことは不可能という結果が出た。ある参加者は、妻に話しかけようとしても「一分おきに邪魔をされる」と話した。著者たちは「カップルとしての体験をするためには、とにかく子どもからはなれなければならない」と結論づけた。ヴェラ・ダイク、ケリー・デリー、'Rising to the challenge: fathers' role in the negotiation of couple time', *Leisure Studies*, 25:2 (2006), 201-17

＊15　**あるフランス人の心理学者は**

この心理学者はクリスティーヌ・ブリュネ。

Journal des Femmes, 二〇〇五年二月一一日号より引用。

第五章

＊16 **子どもでもきちんと理解できる、というゆるぎない確信のもとに**

パリ市長執務室の二〇〇九年の報告書によると、保育者は、保育にあたる子どもの両親、血統、外見について悪口を言うべきではない。保育にあたる子どもが乳児であっても、該当する子ども以外に向けた発言でも同じである。「こういった非難による暗黙のメッセージを、子どもたちは本能的に察する。年齢が低ければ低いほど、言外の意味をより理解することができる」と報告されている。

＊17 **組織内のトレーニングが必須だ**

OECD、'Starting Strong II: Early Childhood Education and Care', 2006

第六章

＊18 **なんらかの母乳育児を行う**

OECD、'France Country Highlights, Doing Better for Children', 2009

＊19 **さらにロンドンだけに絞ると九〇パーセントである**

WHO Global Data Bank on Infant and Young Child Feeding, 2007-2008より。アメリカでは、七四パーセントの母親がなんらかの形の母乳育児を行っており、三分の一の母親は、生後四か月になっても母乳のみを与えている。

＊20 **あるコラムニストは、『デイリー・メイル』紙にこう書いている**

「なぜ赤ちゃんは、これほど多くの聡明な女性たちをいやらしいママに変えてしまうのか」ヘレン・カーワン＝テイラー、デジタル版デイリー・メイル、二〇〇九年九月二日号

＊21 **そのことに罪悪感を持たなくてあたりまえ**

フランスとアメリカの母親にとっての「つねに自分よりも赤ちゃんの要求を優先する（している）」ことの重要性についての調査で、アメリカ人の母親は五段階で二・八九、フランス人の母親は五段階で一・二六。二〇〇四年のマリー＝アン・スイゾーによる研究「フランスとアメリカの母親の子育て信条：刺激、応答、長期目標について」より。*Journal of Cross-Cultural Psychology*に掲載。

＊22 **フランスのママ雑誌のファッションページ**

'Géraldine Pailhas, des visages, des figures', Violaine Belle-Croix, *Milk Magazine*, 二〇一〇年九月一三日号

第八章

＊23　中流階級のカナダ人に関するある論文

ヴェラ・ダイク、ケリー・デリー、'Rising to the challenge: fathers' role in the negotiation of couple time', *Leisure Studies*, 25:2 (2006), 201-17

＊24　男性と女性の収入格差も、私たちより大きい

世界経済フォーラムによって発表される世界男女格差レポートの二〇一〇年版によると、イギリスは一五位、アメリカは一九位、フランスは四六位である。

＊25　家事と子どもの世話に、男性よりも

ＩＮＳＥＥ（フランス国立統計経済研究所）による。

＊26　子どもの世話の時間が二五パーセント多い

米労働統計局による。

＊27　頭を冷やすのが大変だし

二〇〇八年の研究によると、四九パーセントの雇用されているアメリカ人男性は、パートナーと同じだけ子育てをしていると回答。しかしそう思っている女性は三一パーセントにすぎない。この研究はエレン・ガリンスキー、カースティン・オーマン、ジェームズ・T・ボンドによる Times Are Changing: Gender and Generation at Work and at Home, Families and Work Institute, 2009

＊28　サイモンと息子たちをパリに残して

フランス人の女性は、アメリカ人の女性よりも家事に費やす時間が一五パーセント少ない。

＊29　二〇〇六年のフランスでの調査によると

Denise Bauer, Études et Résultats, 'Le temps des parents après une naissance', DREES, April 2006

第九章

＊30　フランスの五〜六歳の肥満は、わずか三・一パーセント

ナタリー・ギニョン、マーク・コレット、ルーシー・ゴンザレス、'La santé des enfants en grande section de maternelle en 2005-2006', Études et Résultats, September 2010

＊31　食べることの主たる目的は、健康だと考えている

Lemangeur-ocha.com、「フランス、ヨーロッパ、アメリカ：食べることの意味について：クロード・フィシュラーとエステル・マッソンのインタビュー」二〇〇八年一月一六日にオンラインに投稿。

第一〇章

＊32　「子どもに時間を与え、子どもを尊重するのです」と、ダニエル・マルセリは解説する

*Enfant Magazine*のインタビュー 'Comment réussir à se faire obéir?', 二〇〇九年一〇月号

＊33 **国民調査によると**
'Les Français et la fessée' by TNS Sofres/Logica for *Dimanche Ouest France*, 11 November 2009

＊34 **子どもを叩いたことがない**
また、五五パーセントが叩くことに反対だと話した。

＊35 **私が読んだフランスの子育て本の著者は全員が、子どもへの暴力に反対だ**
マルセイユを拠点にする有名な児童心理学者マルセル・ルフォーはこう話している。「親はふたつの世代にまたがっている……ひとつは、過去に叩かれ殴られたりしながら、『そのことによってトラウマを受けていない』と話す世代。そして現代の親たちである。私は後者のほうがはるかによいと思う。彼らは子どもに禁じることよりも理解を寄せることに重きを置いているからだ。親の役割とは、自分の見解を子どもに与え、説明することだ。子どもはそれらを受けいれるだろう」『フィガロ』誌、二〇〇九年一一月二〇日号

第一一章

＊36 **子どもの意見のひとつひとつを、特別な貢献のように扱う**
レイモン・キャロルは *'Cultural Misunderstandings'* にアメリカ人の親は「子どもを批判することを最大限に避け、彼らの趣向をからかい、ひっきりなしに物事の手本を見せたがる」と書いている。

＊37 **実質上の満点である**
二〇点中一六点をとることが「非常にまれで卓越した成績」である、とは、ケンブリッジ大学の試験委員会による、英国の大学にあてた報告のひとつである。『エコノミスト』誌、二〇一〇年九月三〇日号 'A Chorus of Disapproval'

＊38 **だれにも手が届かない理想**
このことが、アメリカとフランスの生活の比較を試みる社会学者に問題を生じさせている。「アメリカ人は概して自分の状態を報告するときに極端に言いたがる」と、オハイオとレンヌの女性を研究する著者たちは言う。アメリカ人のほうが「非常に満足」や「まったく満足できない」といった両極端から答えを選ぶ傾向にあるのに対して、フランス人の女性はそういった回答を避ける。研究者たちは、この点を配慮して研究結果を調整した。

＊39 **成功できないのが怖いので**
ポー・ブロンソン、アシュリー・メリーマン、*NurtureShock: New Thinking About Children*, New York: Twelve, 2009

フランスの子育て用語集

Attend (アターン)
待ちなさい、止まりなさい。フランス人の親が子どもに使う命令表現。「待ちなさい」は、すぐには要求が満たされないこと、数秒または数分ひとり遊びができることを、子どもに教える言葉である。

Au revoir (オ・ヴォア)
さようなら。フランス人の子どもは、知り合いの大人とはなれるときに、かならずこう言わなければならない。フランス人の四つの「魔法の言葉」のひとつ。

Autonomie (オートノミー)
自主性。フランス人の親が子どもが幼少のころから奨励する、自立と独立独歩の精神。

Bêtise (ベティーゼ)
ちょっとした悪さ。子どもが悪いことをしたときに、たんなる「ベティーゼ」とレッテルを貼ることで、親は冷静に対応ができる。

Bonjour (ボンジュール)
こんにちは。子どもは、知り合いの大人に会ったらかならずこう言わなければならない。"Au revoir" と同じく、「魔法の言葉」のひとつ。

Caca boudin (カカ・ブーダー)
直訳すると「ウンチソーセージ」。フランス人の未就学児にほぼ限定的に使用される罵り言葉。

Cadre (カードル)
フレーム、枠組み。フランス人の子育ての理想の姿を視覚イメージにしたもの。子どもに制限を設定しながらも、制限内ではたっぷりと自由を与える。

Complicité (コンプリシテ)
共犯関係。フランス人の親と保育者が、生後すぐから子どもとはぐくもうとする関係のこと。"Complicité" には、赤ちゃんでさえ理屈のわかる人間であり、大人と互いを尊重する相互関係が築けるというニュアンスがある。

Crèche (クレイシュ)
フランスのフルタイムの託児所。政府により助成・管理されている。一般的にフランスの中流家庭の親は、ナニーや個人宅での個別保育よりもクレイシュを好む。

Doucement (ドセマン)
優しく、慎重に。フランス人の親と保育者が、幼少の子どもにひんぱんに使う言葉。"Doucement" には、子どもにも気配りのある落ちついた行動ができるというニュアンスがある。

École maternelle (エコール・マテルネル)
フランスの保育学校。子どもが三歳になる年の九月から始まる。

Éducation (エドゥカシオン)
教育。フランス人の子育てのこと。

Goûter (グーテ)
子どもの午後のおやつのこと。午後四時ごろに食べる。グーテは一日に一度だけのおやつ。「もうグーテした?」と、動詞のようにも使われる。

Punir (プニア)
罰すること。罰を受けることは、深刻で重大な事態である。

Rapporter (ラポーター)
告げ口をすること、密告。フランス人は子どもも大人も、非常にいけないことだと考えている。

Sage (サージェ)
賢く落ちつきがあること。冷静に行動できたり、アクティビティに集中している子どもをこう表現する。「いい子にしなさい (be good)」のかわりに、フランス人の親は「賢くしなさい」と言う。

その他の引用資料

ABCs of Parenting in Paris, fifth edition, France, MESSAGE Mother Support Group, 2006.
CIA, *The World Factbook*. https://www.cia.gov/library/publications/the-world-factbook/
Direction de la recherche, des études, de l'évaluation et des statistiques(DREES), April 2006, *Le temps des parents après une naissance*.
INSEE, Time-Use Surveys, 1986 and 1999.
Lemangeur-ocha.com, 'France, Europe, the United States: what eating means to us: an interview with Claude Fischler and Estelle Masson', posted online 16 January 2008.
Mairie de Paris, 'Mission d'information et d'évaluation sur l'engagement de la collectivité parisienne auprès des familles en matière d'accueil des jeunes enfants de moins de trois ans', 15 June 2009.
Military.com, 'Military Child Care', www.military.com/spouse/military-life/military-resources/military-child-care.html
National Institutes of Health, 'Child Care Linked To Assertive, Noncompliant, and Aggressive Behaviors; Vast Majority of Children Within Normal Range', 16 July 2003.
OECD, 'Éducation et accueil des Jeunes Enfants', May 2003.
PewResearch Global Attitudes Project, 'Men's Lives Often Seen as Better: Gender Equality Universally Embraced, But Inequalities Acknowledged', 1 July 2010.
UNICEF, 'Child poverty in perspective: an overview of child well-being in rich countries', Innocenti Report Card 7, 2007, UNICEF Innocenti Research Centre, Florence.
US Bureau of Labor Statistics, American Time Use Survey Summary, 2009 results.

Richardin, Sophie, 'Surfez sur les vagues du désir!', *Neuf Mois*, February 2009.
Rossant, Lyonel and Jacqueline Rossant-Lumbroso, *Votre Enfant: Guide à l'usage des parents*, Paris: Robert Laffont, 2006.
Rousseau, Jean-Jacques, *Émile or On Education*, trans. Allan Bloom, New York: Basic Books, 1979.
Rousseau, Jean-Jacques, *Émile, or On Education*, trans. Barbara Foxley, NuVision Publications LLC, 2007.
Sawicka, Leslie, coordinator, *Le guide des nouvelles mamans*, free booklet prepared with support from the French health ministry.
Senior, Jennifer, 'All Joy and No Fun', *New York Magazine*, 4 July 2010.
Sethi, Anita, Walter Mischel, J. Lawrence Aber, Yuichi Shoda and Monica Larrea Rodriguez, 'The role of strategic attention deployment in development of self-regulation: predicting preschoolers' delay of gratification from mother-toddler interactions', *Developmental Psychology*, 36:6(Nov 2000), 767-77.
Skenazy, Lenore, *Free-Range Kids*, San Francisco: Jossey-Bass, 2009.
Steingarten, Jeffrey, *The Man Who Ate Everything*, New York: Vintage Books, 1997.
Suizzo, Marie-Anne, 'French and American mothers' childrearing beliefs: stimulating, responding, and long-term goals', *Journal of Cross-Cultural Psychology*, 35:5(September 2004), 606-26.
Suizzo, Marie-Anne, 'French parents' cultural models and childrearing beliefs', *International Journal of Behavioral Development*, 26:4(2002), 297-307.
Suizzo, Marie-Anne, 'Mother-child relationships in France: Balancing autonomy and affiliation in everyday interactions', *Ethos*, 32:3(2004), 292-323.
Suizzo, Marie-Anne and Marc H. Bornstein, 'French and European American child-mother play: culture and gender considerations', *International Journal of Behavioral Development*, 30:6(2006), 498-508.
Thirion, Marie and Marie-Josèphe Challamel, *Le sommeil, le rêve et l'enfant: de la naissance à l'adolescence*, Paris: Albin Michel, 2002.
Turkle, Sherry, *Psychoanalytic Politics: Jacques Lacan and Freud's French Revolution*, New York: The Guilford Press, 1992.
Turkle, Sherry, 'Tough Love', Introduction to *When Parents Separate* by Françoise Dolto, Boston: David R. Godine, 1995.
Twenge, Jean M., W. Keith Compbell and Craig A. Foster, 'Parenthood and marital satisfaction: a meta-analytic review', *Journal of Marriage and Family*, 65:3(August 2003), 574-83.
Warner, Judith, *Perfect Madness: Motherhood in the Age of Anxiety*, New York: Riverhead Books, 2005.
Zellman, Gail L. and Anne Johansen, 'Examining the Implementation and Outcomes of the Military Child Care Act of 1989', research brief, 1998, Rand Corporation.
Zigler, Edward, Katherine Marsland and Heather Lord, *The Tragedy of Child Care in America*, New Haven and London, Yale University Press, 2009.

Girard, Isabelle, 'Pascal Bruckner et Laurence Ferrari: Le Mariage? Un acte de bravoure', *Le Figaro-Madame*, 11 September 2010.
Guiliano, Mireille, *French Women Don't Get Fat*, New York: Alfred A. Knopf, 2005.
Hausmann, Ricardo, Laura D. Tyson and Saadia Zahidi, 'The Global Gender Gap Report 2010', World Economic Forum.
Hulbert, Ann, *Raising America: Experts, Parents, and a Century of Advice About Children*, New York: Vintage Books, 2004.
Kahneman, Daniel and Alan B. Krueger, 'Developments in the measurement of subjective well-being', *Journal of Economic Perspectives*, 20:1(2006), 3-24.
Kamerman, Sheila, US Senate Testimony, 27 March 2001.
Kamerman, Sheila, 'A global history of early childhood education and care', background paper, Unesco, 2006.
Krueger, Alan B., Daniel Kahneman, Claude Fischler, David Schkade, Norbert Schwarz and Arthur A. Stone, 'Time use and subjective well-being in France and the U.S.', *Social Indicators Research*93(2009), 7-18.
Krueger, Alan B., ed., *Measuring the Subjective Well-Being of Nations: National Accounts of Time Use and Well-Being*, Chicago: University of Chicago Press, 2009.
Lareau, Annette, *Unequal Childhoods: Class, Race and Family Life*, Berkeley: University of California Press, 2003.
Lareau, Annette, 'Question and answers about unequal childhoods', http://sociology.sas.upenn.edu/a_lareau2
Marbeau, J. B. F., *The Crèche or a Way to Reduce Poverty by Increasing the Population* (trans. Vanessa Nicolai), Montreal: 1994(first published 1845).
Marcelli, Daniel, *Il est permis d'obéir*, Paris: Albin Michel, 2009.
Melmed, Matthew, Statement submitted to the Committee on Education and Labour, US House of Representatives, Hearing on Investing in Early Education: Improving Children's Success, 23 January 2008.
Mindell, J. A. et al., 'Behavioral treatment of bedtime problems and night wakings in young children: AASM Standards of Practice', *Sleep*, 29:10(2006), 1263-76.
Mischel, Walter, in G. Lindzey and W. M. Runyan(eds), *A History of Psychology in Autobiography*, Washington, DC: American Psychological Association, 2007.
Mogel, Wendy, *The Blessing of a Skinned Knee*, New York: Scribner, 2001.
Murkoff, Heidi, Arlene Eisenberg and Sandee Hathaway, *What to Expect When You're Expecting*, New York: Pocket Books, 2002.
Ollivier, Debra, *What French Women Know: About Love, Sex, and Other Matters of the Heart and Mind*, New York: G. P. Putnam's Sons, 2009.
Parker, Kim, 'The harried life of the working mother', Pew Research Center, 1 October 2009.
Pernoud, Laurence, *J'élève mon enfant*, Paris: Éditions Horay, 2007.
Pinilla, Teresa and Leann L. Birch, 'Help me make it through the night: behaviroral entrainment of breast-fed infants' sleep patterns', *Pediatrics*, 1993: 91(2), 436-44.
Prochner, Larry, 'The American creche: "Let's do what the French Do, but do it our way"', *Contemporary Issues in Early Childhood*, 4:3(2003).

引用文献

Antier, Edwige, 'Plus on lève la main sur un enfant, plus il devient agressif', *Le Parisien*, 15 November 2009.

Auffret-Pericone, Marie, 'Comment réussir à se faire obéir?', *Enfant*, October 2009.

Badinter, Élisabeth, *L' Amour en Plus: Histoire de l' amour maternel*, Paris: Flammarion, 1980.

Badinter, Élisabeth, *Le Conflit: la femme et la mère*, Paris: Flammarion Lettres, 2010.

Belsky, Jay, 'Effects of Child Care on Child Development: Give Parents Real Choice', March 2009.

Bennhold, Katrin, 'Where having it all doesn't mean having equality', *New York Times*, 11 October 2010.

Bloom, Paul, 'The Moral Life of Babies,' *New York Times Magazine*, 5 May 2010.

Bornstein, Marc H., Catherine S. Tamis-LeMonda, Marie-Germaine Pecheux and Charles W. Rahn, 'Mother and infant activity and interaction in France and in the United States: a comparative study', *International Journal of Behavioral Development*(1991), 21-43.

Bronson, Po and Ashley Merryman, *NurtureShock: New Thinking About Children*, New York: Twelve, 2009.

Calhoun, Ada, 'The battle over "cry it out" sleep training', 17 March 2010, Salon.com.

Carroll, Raymonde, *Cultural Misunderstandings: The French-American Experience*, Chicago: University of Chicago Press, 1990.

Cimpian, Andrei, Holly-Marie C. Arce, Ellen M. Markman and Carol S. Dweck, 'Subtle linguistic cues affect children's motivation', *Association for Psychological Science*, 18:4, 2007.

Cohen, Abby J., 'A brief history of federal financing for child care in the United States', *The Future of Children: Financing Child Care*, 6(1996).

Cohen, Michel, *The New Basics*, New York: Collins, 2004.

Delahaye, Marie-Claude, *Livre de Bord de la Future Maman*, Marabout, 2007.

De Leersnyder, Hélène, *L' enfant et son sommeil*, Paris: Robert Laffont, 1998.

Dolto, Françoise and Danielle Marie Lévy, *Parler juste aux enfants*, Paris: Gallimard, 2002.

Dolto, Françoise, *Les Étapes majeures de l' enfance*, Paris: Gallimard, 1994.

Dolto. *Françoise, Lettres de jeunesse: Correspondance, 1913-1938*, Paris: Gallimard, 2003.

Dyck, Vera and Kerry Daly, 'Rising to the challenge: fathers' role in the negotiation of couple time', *Leisure Studies*, 25:2(2006), 201-17.

Eisenberg, Arlene, Heidi E. Murkoff and Sandee Hathaway, *What to Expect: The Toddler Years*, London: Simon and Schuster, 1996.

Epstein, Jean, '*Parents, faites-vous confiance!*' Interview on aufeminin.com.

Ford, Gina, *The New Contented Little Baby Book*, London: Vermilion, 2006.

Franrenet, Sandra, 'Quelles punitions pour nos fripons?', madame. lefigaro. fr, 28 February 2011.

Galinsky, Ellen, Kerstin Aumann and James T. Bond, *Times Are Changing: Gender and Generation at Work and at Home*, Families and Work Institute, 2009.

Gerkens, Danièle, 'Comment rendre son enfant heureux?' Interview with Aldo Naouri, *Elle* magazine, 26 February 2010.

フランスの子《こ》どもは夜泣《よな》きをしない
—パリ発《はつ》「子育《こそだ》て」の秘密《ひみつ》—

2014年4月30日　第1刷発行
2014年8月13日　第4刷発行

著　者　パメラ・ドラッカーマン
訳　者　鹿田昌美《しかたまさみ》
発行者　加藤　潤
発行所　株式会社　集英社
〒101-8050　東京都千代田区一ツ橋2-5-10
[編集部] 03-3230-6391
[読者係] 03-3230-6080
[販売部] 03-3230-6393 書店専用
装　幀　MOTHER
イラスト　藤原ヒロコ
印刷所　大日本印刷株式会社
製本所　加藤製本株式会社

Printed in Japan
ISBN978-4-08-789004-4 C0039

定価はカバーに表示してあります。

パメラ・ドラッカーマン (Pamela Druckerman)

コロンビア大学大学院卒業。『ウォール・ストリート・ジャーナル』紙の外国特派員として、サンパウロ、ブエノスアイレス、エルサレム、パリに駐在経験をもつ。夫と娘、双子の息子らとともにパリ在住。

鹿田昌美 (しかた・まさみ)

国際基督教大学卒業。訳書に『ソウル・サーファー　サメに片腕を奪われた13歳』(ヴィレッジブックス)、『そばかすの少年』(光文社古典新訳文庫)、『大きい族の小さな少年　マンクル・トロッグ』(小学館) など多数。